PHILIPPE ACCARY

SORTIR DU TRIPTYQUE UE/EURO/OTAN
et se
RAPPROCHER des BRICS +

ESSAI

ISBN papier : 978-2-95922-719-6
Dépôt légal : avril 2024
1re et 2e de couverture : Graphisme arts.kan@gmail.com par Khayn

PHILIPPE ACCARY

SORTIR DU TRIPTYQUE UE/EURO/OTAN
et se
RAPPROCHER des BRICS +

ABSTENTIONNISTES,

RÉVEILLEZ-VOUS

ESSAI

À mes trois fils : David, Kevin et Matthieu : trois belles personnes.

À l'Amour de ma vie, Brigitte

À mon meilleur ami : André Zahout et à son petit-fils Davy, promis à un brillant avenir.

TABLE DES MATIÈRES

PREMIÈRE PARTIE
SORTIR DU TRIPTYQUE UE/EURO/OTAN

DEUXIÈME PARTIE
VERS UN NOUVEL ORDRE MONDIAL

TROISIÈME PARTIE
LA DÉSINFORMATION DU PEUPLE

QUATRIÈME PARTIE
L'UNION POPULAIRE RÉPUBLICAINE

INTRODUCTION

Dante, Goethe, Chateaubriand appartiennent à toute l'Europe, dans la mesure même où ils étaient respectivement Italiens, Allemands et Français. Ils n'auraient pas beaucoup servi l'Europe s'ils avaient été des apatrides, et qu'ils avaient pensé et écrit en quelque Esperanto ou Volapük intégré.

CHARLES DE GAULLE

L'objet de mon livre est d'abord d'ordre géopolitique même si j'aborde quelques problèmes d'ordre de politique intérieure française qui peuvent cependant être résolus si les Français veulent changer de logiciel politique.

Quelle différence peut-on faire entre l'art oratoire et l'écriture d'un livre ? L'art oratoire n'est pas suffisant du fait de l'adage « les paroles s'envolent, mais les écrits restent ». L'orateur convaincant, néanmoins, qui vous captive grâce à ses propos passionnés et vous déclame sa pédagogie dont vous buvez les paroles aura toujours un apport prépondérant.

Je pense par exemple à une conférence que j'ai écoutée, intitulée « Des trous noirs à l'origine de l'Univers ». Absolument pas du tout passionné par le sujet, je m'étais vivement intéressé grâce à l'intervention unique de son orateur, Christophe Galfard, qui lorsqu'il évoque une citation de Hubert Reeves « nous ne sommes que des poussières d'étoiles » transformant le thème évoqué en poésie, alors là, je suis totalement conquis !
En revanche, le livre restera toujours le livre même si l'approche est différente, mais elle demeure complémentaire.

C'est pour cela que cet ouvrage écrit est nécessaire même si on me répète sans cesse « Les Français ne lisent plus », je m'accroche en faisant appel à la clairvoyance des abstentionnistes qui, eux seuls, peuvent renverser la vapeur !

D'ailleurs, je pense qu'il s'agirait de faire comme en Belgique, instaurer le vote obligatoire, uniquement par urnes interposées et non pas par vote électronique afin d'éviter toutes manœuvres douteuses du pouvoir. Ce vote obligatoire lié au referendum d'initiative populaire ou citoyenne serait une solution pour redonner plus de démocratie à notre pays en voie de déliquescence.

ABSTENTIONNISTES ! RÉVEILLEZ-VOUS. Les élections européennes de juin 2024, à un seul tour, ne sont pas des élections comme les autres. **Il s'agit d'un vrai referendum : POUR l'UE ou CONTRE l'UE**.

Changer l'Europe reste une mission impossible car, il faut l'accord des 27 pays et ses 24 langues officielles. Il n'existe qu'une seule issue possible : appliquer l'article 50 du Traité sur le Fonctionnement de l'Union Européenne.

Le pouvoir votif des papy-boomers embourgeoisés, boursicoteurs de surcroît, qui ont voté à deux reprises pour Macron, n'est pas la panacée, mais à la lecture de ce livre, eux aussi peuvent changer de logiciel.

Mon livre est plus qu'un pamphlet, car, il essaie de décortiquer singulièrement, synthétiquement, voire analytiquement des problèmes liés à notre existentialisme européen.

C'est pour cela qu'il s'adresse en particulier aux 50% d'abstentionnistes du corps électoral. C'est maintenant ou jamais d'exprimer la colère du peuple pour cette politique que vous haïssez en permanence afin que dès le 9 juin prochain avec les élections européennes à un seul tour, donc sans vote utile, vous puissiez vous prononcer dans cette première étape avant les élections présidentielles de 2027.

Ne vous laissez donc pas intoxiquer par les sondages. Les médias de grand public ne vous montrent pas seulement et uniquement des candidats désignés par eux-mêmes. Il faut donner la priorité aux gens invisibilisés, donc censurés. Un citoyen bien informé devrait pouvoir aisément décider en connaissance de cause. Ce n'est pas le cas depuis plusieurs décennies et de manière plus accentuée maintenant où il est voué à devenir l'esclave des décisions politiques.
Pour compléter cette introduction, je dois vous avouer que je me réfère à plusieurs mentors qui influencent ma vie et qui possèdent une caractéristique commune : celle d'être censurés par les médias financés par nos impôts, ceux des contribuables français. Ici, je ne vous citerai que trois maitres à penser : deux octogénaires, Charles Gave **(1)** et Alain Juillet **(2)** et un sexagénaire, François Asselineau, Président de l'Union Populaire Républicaine- UPR - **(3).**

Ces trois personnages sont bien entendu muselés et bâillonnés des médias mainstream puisqu'ils disent : LA VÉRITÉ ! Un peu moins pour Charles Gave qui est reçu parfois sur la chaine privée qu'est Cnews, notamment à l'occasion de la sortie de son livre remarquable « La vérité vous rendra libre ».

Hélas, leur âge leur interdit, par les temps qui courent, de se présenter à la Présidence de la République, pas pour le troisième, Monsieur Asselineau.

Lui aussi, muselé et censuré des chaines TV traditionnelles, ne dit que des vérités sur les chaines alternatives du web, non seulement à travers ses multiples conférences, mais aussi au travers de nombreuses interviews et/ou entretiens de qualité où il montre ce qu'il a réellement dans le ventre !

À 66 ans aujourd'hui, il peut encore se présenter en 2027 à la Présidence de la République s'il n'est pas encore censuré par les maires secondés par le pseudo-arbitre de 2022, Monsieur Bayrou, en tête, qui l'a bloqué sur l'obtention des 500 parrainages nécessaires pour se présenter. Sans compter non plus sur la vingtaine de milliers d'euros, pris sur l'argent public, investis en matière de courrier et son affranchissement, missives adressées aux maires afin de les dissuader de ne pas accorder leur parrainage à Monsieur François Asselineau.

Un vrai scandale d'Etat que l'on ne vous a jamais parlé et que l'on ne vous parlera pas.
Pour les futures présidentielles de 2027, c'est déjà maintenant qu'elles se préparent avec les élections européennes du 9 juin 2024 donnant des députés européens qui seront reçus sur les plateaux TV aux millions de téléspectateurs.

Le général de Gaulle avait été nommé Président de la République à 68 ans à une époque où le poids des années avait une plus grande importance que celle d'aujourd'hui. Le général de Gaulle avait redressé la France de 1958 à 1969. Il était adulé du monde entier et avait fait de notre nation, un Grand Pays. En seulement onze années, il avait redressé la France !

Alors pourquoi pas pour le Président de l'UPR, Monsieur Asselineau.

Il nous faut à la tête de l'État français un homme d'expérience, visionnaire, mûr et connaissant parfaitement bien la géopolitique ainsi que la totalité des dossiers. Il faut miser sur des personnes matures et non pas des gamins et des gamines promus par les médias. Arrêtons avec les blancs-becs inexpérimentés c'est une des conférences de Monsieur Asselineau sur youtube ou sur upr.fr du 29 avril 2023 : « *Pourquoi cet étalage de blancs-becs en Occident* » que je vous invite à visionner.

Si pour les Européennes, Monsieur Asselineau obtient 5%, il pourra taper le poing sur la table à Bruxelles et les médias seront contraints, à contrecœur, de le recevoir sur les plateaux TV où déambulent en permanence des généraux d'opérette secondés par des officiers supérieurs, en mal de reconnaissance médiatique, mais aussi médecins et/ou professeurs de médecine, idéologues et par voie de conséquence menteurs à leur tour du fait d'une idéologie de circonstance (l'argent, toujours l'argent...).
Concernant les trois mentors susvisés, hormis leur grande compétence, leur sincérité et leur honnêteté, connaissez-vous le point commun entre ces trois intellectuels : eh bien, ils sont tous les trois nés un 14 septembre. J'espère que cela sera un bon présage pour eux et pour la France ! Ils peuvent avoir différents points de divergence entre eux, mais leur essence commune c'est de dire leur Vérité, LA VÉRITÉ !

Les raisons qui m'ont incité à écrire ce livre sont celles d'un citoyen lambda à qui on refuse le droit de s'exprimer. J'ai quelque chose qui brûle dans mon cœur : aider les gens pour changer ce monde peu ragoûtant. J'ai le cœur à faire connaitre ma Vérité. Pour moi, c'est cela la vraie définition de la rédaction d'un essai.

Ma première idée pour trouver un titre à mon livre était d'ailleurs « La Vérité, toute la Vérité, rien que la Vérité » et je ne suis pas étonné que le dernier livre de Charles Gave de novembre 2023 s'intitule : « La vérité vous rendra libre ».

Abstentionnistes, c'est à votre tour de jouer en faisant éclore Votre Vérité !

Monsieur Gave dit « à juste titre » que « la création de l'euro n'avait pas pour but de favoriser une intégration politique européenne mais, de rendre aux États-Unis la partie de la souveraineté monétaire que la Bundesbank leur avait arrachée en 1971 ». Je rajouterai, en qualité de militant de l'Union Populaire Républicaine que c'est tout à fait conforme à l'état d'esprit américain et sa devise « DIVIDE FOR CONQUER » comme explicitée dans les nombreuses vidéos du Président de l'UPR.

Je confirme les analyses de Monsieur Asselineau sur le rôle prépondérant qu'ont joué les États-Unis d'Amérique sur la construction de l'Union Européenne. Mais Monsieur Eric Branca **(4)**, lui aussi censuré, a dit des choses similaires dans son livre « L'ami américain », édition Tempus, de 2023.
Dans cet ouvrage majeur, Monsieur Branca raconte la « guerre de trente ans », de 1940 à 1969, qui opposa le général de Gaulle à la volonté de puissance des États-Unis durant ces trois décennies. Aucun média télévisé n'a parlé de ce livre et surtout pas l'audiovisuel du service public composé de politiques de gauche, idéologues et toujours dans le déni, prêts à démolir le général de Gaulle.

Quand, j'entends par exemple sur Cnews, un journaliste, plutôt communiste, qu'est Olivier Dartigolles dire que « le général appartient à tout le monde », j'hallucine et le général doit se remuer dans sa tombe pour la dizaine de milliers de fois (et après ça, Reporter Sans Frontières dira que Cnews n'est pas pluraliste).

C'est la gauche avec l'aide américaine qui a dégagé le général de Gaulle. Certes, le général avait ses qualités et ses défauts. Il n'avait pas vu monter « mai 68 » et s'était mal comporté dans le conflit envers les harkis et les Français d'Algérie, appelés « pieds-noirs », mais reconnaissons malgré ces bévues qu'il a été le seul grand homme d'État du 20ème siècle que la France ait pu disposer.

Aujourd'hui, dans le monde Occidental après avoir enterré l'URSS grâce à Ronald Reagan, on a créé une autre Union Européenne plus belliciste aux dépenses dispendieuses créant chômage et misère en particulier dans notre propre pays : la France.

En résumé, qu'est-ce qu'au juste l'UE ? On peut y répondre facilement en se référant et en réexaminant ce qu'était l'URSS.

Celle-ci était gouvernée par 15 personnes non élues qui se nommaient entre elles et qui n'avaient à rendre de compte à personne. L'UE, quant à elle, est gouvernée par deux douzaines de personnes qui se choisissent entre elles, se réunissant à huis clos, ne rendant de compte à quiconque.
Ces personnes étant des personnes indélogeables (sauf, si un jour -en 2027 par exemple-, un nouveau Président de la République venait à être élu pour sortir radicalement de l'UE) nuisent de manière destructrice aux différentes nations que compose l'UE.

Comparons l'Union Européenne asservie aux États-Unis d'Amérique souhaitant s'inscrire dans un Nouvel Ordre Mondial dont le but avoué est d'obtenir à terme un gouvernement unique et mondial.

Nous pourrions dire que l'UE possède un parlement élu mais, l'URSS le possédait également avec le Soviet Suprême qui approuvait sans discussions les décisions du Politburo exactement comme au Parlement européen où le temps de parole de chaque groupe est limité avec une intervention de moins d'une minute par intervenant.

Dans l'UE, il existe des centaines d'eurocrates tous grassement payés grâce à nos impôts, également beaucoup de personnel, aux effectifs pléthoriques, recevant des bonus et des privilèges sans compter les immunités judiciaires à vie. Ces gens passent d'un poste à un autre quoiqu'ils fassent ou ne fassent pas. Ce fonctionnement est l'exacte réplique de ce qui se faisait lors du régime soviétique.

L'URSS a été créée par la contrainte et très souvent grâce à l'occupation armée. L'UE existe, non pas par la Force armée, mais par la contrainte et la pression économique. Pour continuer d'exister, l'URSS s'est étendue toujours plus. Dès qu'elle a cessé de s'étendre, elle a commencé à s'effondrer.

Aujourd'hui, l'UE fait de même, car elle souhaite s'étendre à 38/40 pays avec un rêve : créer les États-Unis d'Europe où Macron s'y voit déjà comme Président.

Le but de l'URSS était soi-disant de créer une nouvelle entité historique : le Peuple Soviétique avec qui il fallait, de fait, oublier nationalités, traditions et coutumes. C'est exactement ce qui se passe avec l'UE qui ne veut absolument pas que vous soyez français, espagnols, italiens ou grecs…

L'UE vous emprisonne afin que vous soyez simplement des européens et que vos sentiments nationaux soient dilués ou disparus en vous forçant à vivre en communauté multinationale. Que les langues soient différentes, peu importe à la dictature bruxelloise.

Lors de l'occupation de la France par l'Allemagne en 1940, tous les Français n'étaient pas que des résistants ; certains pensaient qu'il valait mieux être un Allemand vivant plutôt qu'un Français mort. De même, aujourd'hui, certains Français préfèrent être un Européen vivant plutôt qu'un Français mort. Alors vous allez me dire : « À quoi ça sert d'aller voter aux élections européennes ? ».

Eh bien, il existe à ce titre une raison fondamentale : celle de voter pour un parti politique qui veut changer radicalement de logiciel politique, le seul qui souhaite retrouver une Libération Nationale en sortant de l'UE, de l'euro et de l'OTAN : l'Union Populaire Républicaine (UPR) évoquée au chapitre 7. Ce parti se réclame d'une part, du Conseil National de la Résistance (CNR) créé en 1943 par le général de Gaulle et ; d'autre part, du rassemblement gauches - droites. Depuis le général de Gaulle, cela ne s'est jamais fait.

Il est à noter que l'UPR n'est pas classée dans les extrêmes, mais dans la case « Divers » selon le Ministère de l'Intérieur, c'est pourquoi il est hautement invisibilisé, bâillonné, muselé et censuré des médias. Ce parti jugé trop dangereux aux yeux des médias, brillamment relayés par des journalistes idéologues qui restent sans réponse aux analyses de son Président : monsieur François Asselineau.

Il ne s'agit pas de voter pour des partis revendiquant l'union des droites qui se disent souverainistes et/ou patriotes. Non, il faut voter pour le seul parti de Libération Nationale qu'est l'UPR, car s'il y avait de nombreux députés européens de l'UPR, ceux-ci seraient obligés d'être invités sur des chaines de TV « Grand Public » mettant un terme à une invisibilisation voulue par les médias.

Donc, mes amis : « Allez voter ». C'est pour cela que j'ai rajouté un sous-titre fondamental : **« ABSTENTIONNISTES. RÉVEILLEZ-VOUS ! ».**

Macron ne dira jamais rien. Comme je l'ai dit plus haut, Il se rêve en Président des États-Unis d'Europe. Il n'est pas Français ! Il est Européen ! Son leitmotiv, c'est l'Europe Souveraine…Les Français, il s'en fout ! Il veut les emmerder, ce sont ses propres propos au moment de la crise du Covid et pourtant, ces derniers ont encore voté pour lui ! A mon sens, Les principaux responsables sont les bourgeois-boomers, les votes blancs et les abstentionnistes !

Depuis la prise de pouvoir par Macron « l'européiste souverain », le peuple français a vu ses souffrances se démultiplier et s'amplifier ; elles sont très loin de se terminer s'il n'y a pas un immense bouleversement politique ces prochaines années. Les Français sont méprisés et bannis du fonctionnement de la république, leurs libertés fondamentales sont mises sous l'étouffoir par leur propre Président de la République avec la complicité permanente de la commission européenne de Bruxelles et des médias traditionnels.

Les vérités sont constamment cachées au peuple français afin de pouvoir le dominer par la peur, la désinformation et une propagande fausse, mensongère voire guerrière. Les responsables sont nombreux. D'abord politiques, mais aussi chez les journalistes, véritables professionnels du mensonge et de la communication.
Les Français, aveugles et sourds, ont également leur part de responsabilité, en particulier chez les bourgeois-boomers **(5),** trop attardés à jouir de leur aisance matérielle en retardant l'échéance de leur mort prochaine.

Depuis la création de la Vème République approuvée par referendum par 80% des Français le 28 septembre 1958 (5) soit depuis soixante-six ans à la date d'édition de cet ouvrage, seulement 10 referendums ont été organisés : cinq sous le général de Gaulle, un sous la Gauche de Michel Rocard, puis quatre autres sous la Droite dont le fameux referendum du 29 mai 2005 portant sur l'établissement d'une Constitution pour l'Europe où 54,67% français s'étaient prononcés « CONTRE », mais où finalement, les Français ont été désavoués et trahis par les partisans du « oui », droite et gauche confondues.

En tête des traitres : « Sarkozy, l'américain » qui s'empressera de supprimer de la Constitution l'article sur le crime de Haute trahison. Bizarre, non ? Quelqu'un qui n'a rien à se reprocher n'a aucune raison de supprimer cet article. Et tout ça, toujours dans le dos du peuple où la règle est de désormais s'asseoir sur ses avis ou opinions.

Pour l'histoire, les traitres français avaient suivi les conseils américains de la ministre des Affaires Etrangères Condoleeza Rice, à qui, il aurait fallu rajouter le qualificatif « et des Affaires Européennes » tellement l'ingérence est flagrante. Cette américaine de haut rang avait, en effet, lors d'une conférence de presse à Vilnius en Lituanie le 21 avril 2005, conseillé, sans aucune diplomatie, de voter « oui » à ce référendum.

De l'ingérence, oui ! D'ailleurs, les Américains ont dans leur gouvernement un secrétaire d'Etat délégué aux questions européennes ? Que diraient les yankees si nous avions un ministre délégué aux questions américaines ? Qu'en pensez-vous ?
A ce jour, les Français n'ont pas été consultés depuis presque maintenant 20 ans. Mais ce qui est le plus important à noter, c'est que celles et ceux qui font ce constat ne dénoncent ni ne proposent jamais rien !

Or, il existe encore une solution, un espoir de changer radicalement de logiciel politique en optant pour une sortie totale de l'Union Européenne sempiternellement adossée aux volontés impérialistes des Etats Unis d'Amérique et finalement de la commission de Bruxelles.

A titre d'exemple sur nos problèmes français, je reprends les vœux pour 2024 exprimés par un maire, celui d'Orléans aux habitants de sa ville.

Il résume en dix points la déliquescence de la France en disant en substance : « 2024 sera pire que 2023 qui a été pire que 2022 et ainsi de suite ». La France est en voie de disparition. Depuis plus de 40 ans, nous faisons n'importe quoi. Personnellement, je pense que c'est depuis le 28 avril 1969, date du départ du général de Gaulle, où le premier à l'avoir trahi a été son successeur, le Président Pompidou, qui a fait venir dans le marché commun européen la Grande Bretagne contre l'avis négatif du Général.

Sur le plan local, c'est du pareil au même ; toujours la même rengaine en matière de vœux. Exemple : les vœux de ce maire d'Orléans qui résument la situation actuelle à travers ces dix 10 morceaux choisis.

1 - climat, indépendance énergétique et environnement déréglés et bousillés ;
2 – immigration massive incontrôlée ;
3 – délinquance explosive ;
4 – nos valeurs bafouées ;
5 – santé et hôpital qui vont à vau l'eau ;
6 – désindustrialisation et déclin agricole massifs ;
7 – école de la République menacée ;
8 – dette publique abyssale ;
9 - État paralysant et paralysé ;
10 - Influence de la France en recul partout dans le monde.

Ses vœux ont le mérite d'être édifiants et le maire d'Orléans propose ses solutions à lui, à la sauce de son parti LR qui ne veut pas sortir de l'UE. Il aurait pu rajouter : Bravo le bilan Macron et sa complice de Bruxelles : Van Der Leyen.

Pour ma part, la chose très importante qui n'est absolument pas mise en lumière dans ses propos, réside dans la géopolitique qui conditionne l'ensemble du fonctionnement d'un pays ?
Mais en géopolitique, rien n'est jamais acté. Tout peut changer grâce à de nouvelles alliances sous réserve, avant de totalement sombrer, de renverser la table en retrouvant Notre Libération Nationale et sortir de l'UE-OTAN et de sa monnaie paralysante, l'euro.

La géopolitique, elle, ne peut guère être changée ou modifiée, car elle est la résultante de l'Histoire et de la Géographie. On peut néanmoins avoir, à travers traités et alliances, croire à un retour à une diplomatie « ad hoc » et y trouver satisfaction.

Les problèmes d'immigration, d'insécurité, de fonctionnement de l'enseignement, des hôpitaux, du bien-être de nos agriculteurs relèvent de la politique intérieure que l'on peut améliorer sous réserve de posséder un programme présidentiel ; ce qui est proposé à l'UPR, consultable sur upr.fr.

Je pense personnellement que sortir de l'UE, de l'euro et de l'OTAN devra être assortie d'un rapprochement avec les BRICS +, en particulier grâce à notre alliance éternelle et historique avec la Russie **(6),** amitié bafouée et reniée par les américano-européens qui nous gouvernent.

D'ailleurs, Macron veut nous refaire le coup de Roosevelt en 1940, faire une guerre qu'il a déjà commencé d'ailleurs afin d'obtenir un troisième mandat présidentiel. Son objectif est clair : créer les États-Unis d'Europe pour lesquels il sera un futur Président et pour asseoir son autorité de manière incontestée.

Ces BRICS + évoqués dans mon chapitre 4 dont la totalité officiellement créée au 1er janvier 2024 sont désormais constitués du Brésil, de la Russie, de l'Inde, de la Chine, de l'Afrique du Sud, de l'Arabie Saoudite, des Emirats Arabes Unis, de l'Egypte, de l'Iran et enfin de l'Ethiopie.

L'Argentine y était prévue, mais elle a fait faux bond en décembre 2023, j'y reviendrai.

Voyez-vous dans ces alliances économiques un « Choc des civilisations » prôné par le cowboy américain du nom de Samuel Huttington, choc des civilisations si chèrement repris désormais par les partis politiques de droite ?

Plutôt que choc, je vois plutôt avec les BRICS + une Concordance de Civilisations. Ces pays constituent une puissance économique énorme et les Américains digèrent très mal cette nouvelle union internationale impliquant la dédollarisation.

Depuis 1945, les USA ont été 55 fois en guerre, toutes perdues ! On peut dire par conséquent que nous ne sommes pas à l'abri d'une troisième guerre mondiale voulue par les Américains, car ceux-ci ne digéreront jamais de perdre la suprématie de leur dollar et de leur économie mondiale…

J'ai par conséquent divisé cet ouvrage en quatre parties :

Dans la **première partie**, je présenterai la thèse pour sortir de l'UE, de l'euro et de l'OTAN en mettant en lumière le mal que nous font les Etats Unis d'Amérique.

La **deuxième partie**, expliquera le pourquoi et les conséquences futures du nouvel ordre mondial avec, au 1er janvier 2024, la naissance des BRICS +

Pour la **troisième partie**, elle sera consacrée aux problèmes de la fausse démocratie française à travers la désinformation permanente et la propagande tous azimuts que subit le peuple français, courant ainsi à sa perte. Cette fausse démocratie se larve d'une dictature où les parlementaires pseudos-représentants des Français, qui sont censés représenter le Peuple, et que vous avez élus, sont les premiers complices en ne voulant pas démettre le Président Macron et, en ne présentant aucune proposition de loi digne de ce nom, ni non plus, leur rôle d'opposants pour lequel vous les avaient élus.

Vos parlementaires impuissants et inactifs ainsi que le Gouvernement vous répondent collectivement afin de gagner du temps : « la destitution du Président Macron s'effectuera le 9 juin 2024 à l'occasion des élections européennes ». QUEL DENI !

Enfin la **quatrième partie** sera de vous présenter l'Union Populaire Républicaine et de vous inviter à voter en masse le 9 juin 2024 pour renverser la table en commençant par une première étape avant les Présidentielles de 2027, celle d'élire quelques députés européens de ce parti de Libération Nationale

PREMIÈRE PARTIE

SORTIR DU TRIPTYQUE « UE / EURO / OTAN »

« Bien entendu, on peut sauter sur sa chaise, en disant : l'Europe ! l'Europe ! l'Europe ! ... Mais ça n'aboutit à rien et ça ne signifie rien. »

« La Vérité c'est que les Américains finiront par se faire détester par tout le monde. Même par leurs Alliés les plus inconditionnels. Tous les trucages qu'imaginent les Américains sont démentis par les évènements. »

CHARLES DE GAULLE

CHAPITRE PREMIER

SORTIR DE L'UNION EUROPEENNE (UE)

« Vous savez ce que ça veut dire la supranationalité ? La domination des Américains. L'Europe supranationale, c'est l'Europe sous commandement américain ».

CHARLES DE GAULLE

La volonté impérieuse des Etats Unis d'Amérique a été de créer une Union Européenne et de l'inféoder à sa puissance économique. L'initiative d'une « construction européenne » remonte à l'après-guerre et émane du gouvernement américain.

L'administration et les services de renseignements américains se sont employés à soutenir et à favoriser la construction européenne, qui représente pour eux un formidable atout stratégique et commercial.

Bien que la France ait porté les États-Unis sur les fonts baptismaux de l'indépendance vis-à-vis de l'Angleterre, les Etats Unis d'Amérique ne nous aiment pas, ils n'aiment pas les Français **(7)**. Je tiens cependant à préciser qu'il ne s'agit pas du peuple américain que j'apprécie et respecte. Ce sont des patriotes qui aiment leur pays contrairement aux français où patriotisme rime avec « gros mot ».

Non, les Américains qui n'aiment pas les Français sont leurs élites et leurs gouvernants.

Un ami personnel d'origine russe et mariée avec une Ukrainienne me faisait remarquer que les Russes étaient francophiles et aimaient sincèrement les Français, mais que ceux-ci n'en avaient vraiment rien à faire. Cet ami me faisait également observer que les Français adoraient les Américains, mais que ces derniers n'en avaient rien à faire.

Personnellement, je me sens plutôt russophile ? Eu égard à mon passé militaire où j'ai œuvré de 1993 à 1996 dans un cadre onusien à Sarajevo et Mostar, j'ai connu des militaires Russes. Ce sont des gens très bien à l'image de beaucoup de Français.

Rien à voir avec les soldats américains imbus de leur personne.

Autre exemple de la volonté de destruction des Américains vis-à-vis des Français, je l'ai évoqué dans mon introduction avec l'ouvrage brillant, très documenté intitulé « L'ami américain » rédigé par Éric Branca.
Ce livre est édifiant de révélations grâce à des archives déclassifiées. Il nous éclaire sur les volontés américaines dont le but était de détruire le général de Gaulle. Le titre de l'ouvrage est bien sûr ironique, car en géopolitique, l'amitié ne compte guère. Seules comptent alliances et accords !

C'est un ouvrage fondamental à lire absolument pour comprendre que le général de Gaulle était le souci premier et le caillou dans la « rangers » (ou brodequin de marche à jambière attenante pour les puristes) des Américains. Il fallait absolument assujettir la France et ses nombreuses colonies au pouvoir impérialiste américain.

Heureusement, le général de Gaulle était une personnalité que l'on ne voit qu'une fois par siècle. Il résista de 1940 à 1969 à la volonté de puissance hégémonique des Etats Unis car il considérait qu'amitié ne devait pas rimer avec vassalité.

Par exemple, le général de Gaulle n'a jamais voulu commémorer le débarquement américain du 6 juin 1944 sur les côtes normandes d'où la France Libre avait été exclue. C'est logique et cohérent de sa part quand on voit le nom de baptême de l'opération de débarquement : « OVERLORD » ; traduction : « SOUVERAINETE », sous-entendu Américaine, vous l'avez compris !

En revanche, Charles de Gaulle préférait commémorer la Libération de Paris puis celle de Strasbourg, libérations faites par les soldats français eux-mêmes.

Mais vous allez voir le 6 juin 2024 prochain, comment tous les politiques vont se mettre en avant pour fêter cet anniversaire et faire la promotion de l'Europe. Ne vous laissez pas ni embobiner ni enfumer.

Le général de Gaulle n'a jamais eu la mémoire courte lorsque les Américains avaient joué la carte Vichy avec tous ses sbires qui leur étaient attachés : de Darlan en passant par Giraud pour finir au franco-américain, agent de la CIA, Jean Monnet, considéré comme l'un des pères de l'Europe, voulue par Washington.

De Gaulle a eu maille à partir avec le Président Américain Franklin D. Roosevelt qui haïssez notre général. Quelle ne fut pas la surprise du général de voir la préparation hégémonique et colonisatrice des Américains en ayant créé l'AMGOT « Allied Military Government of Occupied Territories » chargé de gouverner souverainement la France à mesure de l'avancée des armées américaines.

Evidemment, il y aura toujours des Français anti de Gaulle, je pense en particulier à nos amis rapatriés d'outre-mer, que certains appellent « pieds noirs » et qui ont beaucoup de mal à « enterrer la hache de guerre » au regard de certaines maladresses du général à leurs égards ; c'est compréhensible. Mais si on compare nos gouvernants d'aujourd'hui avec de Gaulle, il n'y a pas photo, non ?

Pour le débarquement de 1944, les Américains avaient déjà imprimé leur fausse monnaie : un franc français ressemblant traits pour traits au dollar américain. Les Américains s'étaient préparés à se conduire en terrain conquis…

Comment les États-Unis voient-ils le monde ? À cet effet, j'invite mes lecteurs à visionner sur internet d'une part, la conférence exhaustive et superbement instructive et pédagogique, parue sur internet le 27 avril 2012, il y a déjà 12 années, intitulée : *« Qui gouverne la France et l'Europe ? »* dont l'auteur est, encore une fois, Monsieur François Asselineau et ; d'autre part, une autre conférence baptisée : *« L'influence américaine dans les organisations internationales »* (j'évoque en fin d'ouvrage la presque totalité de ces conférences consultables sur upr.fr dont la première d'entre elles s'intitule *« L'Histoire de France »*). Elle dure 3h15, mais elle peut se consulter en plusieurs fois. **Vous y verrez les nombreuses fois de notre Histoire de France où notre pays a su rebondir même lorsqu'il était au plus bas comme aujourd'hui.**

Pour commencer à analyser l'esprit américain et sa volonté de domination mondiale, commençons par regarder comment est constitué un billet d'1 dollar.

Vous avez à son avers le portrait du premier président des États-Unis, George Washington qui possédait 300 esclaves noirs révélant ainsi la vraie mentalité américaine puisque sa vraie Liberté revendiquée ne concernait exclusivement que le commerce.

En revanche, il est à souligner que la Liberté défendue par la France lors de la révolution de 1789, a été le, premier pays au monde à avoir aboli définitivement l'esclavage. Les États-Unis seront le dernier pays à abolir l'esclavage en 1869 à la toute fin de sa guerre de sécession.
Au revers du billet, il y a cette inscription : « In God we trust » qui pourrait se traduire par « Nous croyons en Dieu » ou encore traduit par « Nous plaçons notre confiance en Dieu ».

Pour les chrétiens, il s'agit là d'un blasphème vis-à-vis de la parole du Christ : « Rendez à César ce qui appartient à César et à Dieu ce qui appartient à Dieu » (on ne mêle jamais Dieu ni à la politique ni à l'argent).

Au revers du billet, nous voyons également apparaitre un sceau qui n'est ni plus ni moins qu'un symbole maçonnique où figure une pyramide inachevée de 13 paliers successifs surmontée à son sommet d'un triangle avec l'œil de l'omniscience (la Gnose, chez les francs-maçons), c'est-à-dire : l'œil de Dieu qui voit tout. A la base de cette pyramide est indiquée en latin l'année de naissance des USA : 1776. Toujours à la base de cette pyramide, est écrit en latin « Novus ordo seclorum » qui veut dire « Le nouvel ordre des siècles ».

En clair, l'Amérique se doit pour vocation de fixer un nouvel ordre mondial. Au sommet du sceau se trouve écrit en latin « Annuis coeptis » signifiant : « IL (sous-entendu DIEU) approuve notre entreprise ». À sa droite, vous avez les armoiries américaines avec une devise toujours en latin : E pluribus unum » soit « Un seul à partir de plusieurs » ...
Enfin, au-dessus, vous avez le chiffre 1 écrit en anglais ONE avec une autre devise « In God we trust » traduit par « En Dieu nous croyons ».

N''oublions pas l'autre volonté impérialiste hitlérienne où les nazis arboraient à leur boucle de ceinturon une devise quasi identique liée à leur souhait de voir éclore un IIIe Reich qui devait durer 1 000 ans. Cette devise allemande était : « Gott mit uns » (Dieu est avec nous). Mais tous les empires ont tous fini un jour par mourir...

En conclusion, rien qu'avec un billet d'1 dollar, tout est dit et on se rend compte de la volonté impérieuse de l'impérialisme américain avec en plus l'assentiment de Dieu !

Tous les moyens aux États-Unis ont été bons pour parvenir à leurs fins : créer un empire mondial et créer une union européenne.

J'ajouterai que Samuel Huntington qui a écrit en 1996 « *The clash of Civilizations and the Remaking of World Order* » dont le titre reflète à lui seul la pensée de l'auteur qui aurait dû se traduire par « *Le Choc des Civilisations pour une refonte de l'Ordre Mondial* », mais qui en fait a été traduit plus simplement en 1997, mais réédité « à souhait » par le titre : « *Le Choc des Civilisations* », formule choc reprise par la droite française alors qu'il ne peut y avoir qu'une Concordance des Civilisations si nous ne voulons un jour voir la destruction totale du monde.

Là, est l'avenir ! Car le choc des civilisations, c'est la guerre ! N'en déplaise au parti « Reconquête » qui ne fait que mettre de l'huile sur le feu…

Pour en revenir à la volonté impérieuse sur la construction de l'impérialisme américain, il me parait de bon ton de revoir la façon dont se sont constitués les États-Unis d'Amérique, car il n'y a pas d'exemple au monde comment un État s'est constitué de cette façon.

D'abord, leurs 13 premières colonies ont commencé à se répandre vers l'Ouest, en procédant au passage par un génocide des Indiens pour acquérir leurs terres.
Entre l'arrivée de Christophe Colomb en 1492 et l'année 1600, soit les cent premières années de colonisation de l'Amérique, on estime que les colons européens ont causé la mort d'environ 56 millions d'autochtones et tout cela en seulement 100 ans.
Les Américains, eux, rien qu'au cours du XIXe siècle ont exterminé 350 000 indiens. Le nombre d'indiens qui était de 600 000 a chuté à 250 000. Cela ne vous rappelle rien ? Les nombreuse guerres, conséquence de la politique américaine, oui…Mais le Vietnam ? Combien de morts ? Un million cent mille vietnamiens contre 58 000 américains !

Les Américains sont passés également à une diplomatie de l'argent et du commerce. En 1803, les États-Unis achètent la Louisiane à la France qui allait à l'époque jusqu'au Montana, jusqu'au Wyoming, au Colorado représentant à peu près un tiers du territoire américain continental.

En 1853, les Américains achètent une partie de l'Arizona à la France. Ils vont acheter l'Alaska à l'empire russe en 1867, les Russes s'en mordront les doigts. Ils achètent successivement en 1898 à la France : l'île de Guam, située au sud du Japon, les îles Philippines, archipel au large du Vietnam puis Porto Rico puis ont annexés les îles Hawaï à la suite d'accords de libre-échange. Ils ont annexé les Carolines, les îles Mariannes et acheté les îles Vierges au Danemark en 1917.

Par conséquent, on peut se rendre compte au fil de l'Histoire que la conquête du Monde par les Américains n'a jamais cessé ni eu de limite.

Pour eux, la construction européenne est un premier stade. Le deuxième stade, ayant déjà commencé, c'est de passer au grand marché transatlantique déjà voté depuis longtemps par le Parlement européen. Aujourd'hui, nous nous dirigeons vers un conflit mondial où le théâtre des opérations sera localisé sur l'Europe et tout ça avec l'assentiment de l'UE.

La construction européenne, avec il va de soi, la création d'une monnaie supranationale conforme à toute volonté impérialiste de colonisation voulue par les Américains de 1950 à nos jours.

Pour commencer, je citerai l'éminent intellectuel Arnaud-Aaron Upinsky **(9)** essayiste, philosophe, épistémologue, linguiste et mathématicien, lui aussi boycotté et censuré des médias classiques. Il a écrit en 1997, un livre intitulé « Le serment de l'ortolan » (Les éditions du BIEF). Réédité en 2018, avec un sous-titre qui parle de lui-même : « Appel au Président de la République pour qu'il révèle la guerre que nous font les États-Unis et sorte, ains la France du Piège européen ».

Ce sous-titre est fort révélateur et je recommande vivement à mes lecteurs la lecture de cet ouvrage fondamental où tout est dit sur les manigances américaines au regard de l'Europe.

En clair, tout est dit dans une seule citation et testament posthume révélé par Georges-Marc Benamou dans son livre « Le dernier Mitterrand » édité chez Plon.

Six mois avant son départ de l'Elysée, Mitterrand fait une déclaration politique la plus importante durant ses deux septennats :

« La France ne le sait pas, mais nous sommes en guerre avec l'Amérique. Oui, une guerre permanente, une guerre vitale, une guerre économique, une guerre sans mort, apparemment. Oui, ils sont très durs, les Américains, ils sont voraces, ils veulent un pouvoir sans partage sur le monde. Oui, ils sont très durs les Américains. Ils sont voraces, ils veulent un pouvoir sans partage sur le monde... C'est une guerre inconnue, une guerre permanente, sans mort apparemment et pourtant une guerre à mort ! »

Cette déclaration faite un soir d'octobre 1994 aurait dû faire l'objet de débats ou d'interrogations médiatiques à défaut de perplexités ou commentaires politiques. Mais voilà, comme nous ne sommes plus dans une démocratie normale, il n'en a rien été et aujourd'hui, force est de constater, que rien n'a changé…

Nous sommes dans une Pensée Unique Totalitaire. Les médias vous parlent de ce qu'ils ont envie de vous parler ; ce sont des idéologues politiques ne se plaçant jamais dans la transparence ni l'information des masses laborieuses comme aurait pu le dire un communiste éclairé nommé Georges Marchais...

L'influence américaine s'est fortement amplifiée dans les années 1950 et 1960 afin de favoriser l'unification européenne en finançant le Mouvement fédéraliste européen grâce à l'ACUE pour « American Committee for United Europe » (Comité Américain pour une Europe Unie).

Bizarre ce comité financé. Non ? C'est comme si par exemple, nous avions fait la même chose pour demander de constituer des Amériques Unies en y ajoutant la France, Cuba ou le Venezuela...

On est donc bien assurément dans une ingérence américaine dont le but ultime est de construire une Union Européenne à leur profit (les dés sont d'ores et déjà pipés).

Par ailleurs, déjà dans ces années-là, Washington recommandait à ses agents de poursuivre très discrètement l'objectif d'une union monétaire en empêchant tout débat, jusqu'au moment où l'adoption de cette proposition deviendrait pratiquement inévitable. Bizarre cette persistance et cet intérêt américain et dans quel but ?

Pour mémoire ; il est à noter également, que dans ces années 50, le Parti Communiste Français disait que la construction européenne était une invention purement américaine. C'était déjà de la clairvoyance, non ?

Dès le 9 mai 1950, Robert Schuman (14 fois ministre sous la IVe République) qui avait voté les pleins pouvoirs au maréchal Pétain, avec l'aide de son collaborateur et ami Jean Monnet - ex-agent de la CIA, ont rédigé un projet destiné à initier une fédération européenne.

Rappel : Robert Schuman fut membre du premier gouvernement Pétain à Vichy avant d'être menacé d'indignité nationale à la Libération pour faits de collaboration et finalement gracié par le général Charles de Gaulle. Car le général était un immense homme d'État visionnaire qui avait compris qu'il fallait « enterrer la hache de guerre » entre collaborateurs, communistes du pacte germano-soviétique, etc.

Le général ne voulait ni de guerre civile ni de règlements de compte post seconde guerre mondiale, mais voulait surtout réunir le peuple français pour des lendemains plus heureux.
(Pour moi, aujourd'hui cet homme existe en France. Le général de Gaulle incarné, c'est Monsieur Asselineau avec la même traversée du désert qu'il a débutée le 25 mars 2007, depuis 17 ans, date où il a créé l'Union Populaire Républicaine).

Jean Monnet, lui, vécut aux États-Unis pendant la seconde guerre mondiale et fut le délégué de Roosevelt qui n'avait que haine pour le général de Gaulle le contrecarrant sans cesse en voulant maintenir Pétain et Laval au pouvoir de l'État français.

Le 19 septembre 2 000, dans un article basé sur des archives déclassifiées de l'administration américaine, le Daily Telegraph a révélé au grand public que les « pères fondateurs de l'Europe » (Robert Schuman et Jean Monnet étaient en réalité financés par la CIA !).

Mais ce n'est pas fini ! Dans le Paris Match n°136 du 27 octobre 1951, page 18, où dans une interview, le général Eisenhower, qui sera en 1952 Président des Etats Unis d'Amérique, répond à une question du journaliste pour dire ; « *Rien ne pourrait nous être plus agréable que d'apprendre que les Etats d'Europe Occidentale ont décidé de se réunir dans une ville d'Europe, disons à France afin que des délégués responsables en mesure de rédiger l'acte constitutionnel de l'Europe. Aucune décision ne pourrait mieux nous aider dans la tâche que nous poursuivons* ».

En 2016, alors invité dans l'émission « On n'est pas couché », Monsieur Asselineau avait essayé d'évoquer cette question avec les preuves à l'appui devant la journaliste Léa Salamé ; elle le traita de complotiste sans compter que les autres propos du président de l'UPR furent supprimés à hauteur de 60%, car déjà les journaleux s'étaient rendu compte de la dangerosité de Monsieur Asselineau et qu'il fallait absolument lui limiter son temps de parole. On connait la suite : François Asselineau est toujours invisibilisé des médias…

Toujours dans le commentaire sur l'ingérence américaine vis-à-vis de l'UE, c'est plus récemment cette fois-ci où Bill Clinton, en 1999, s'est vu extrêmement favorable pour l'entrée de la Turquie dans l'Union Européenne. Mais il n'a pas proposé d'y faire entrer la Russie. Bizarre, non ?

En 2001, c'est le criminel de guerre -non jugé- cette fois-ci, George W. Bush qui dira lors d'un discours à Varsovie le 15 juin 2001 : « *Toutes les nouvelles démocraties de l'Europe, de la Baltique à la Mer Noire et toutes celles qui se trouvent situées entre les deux, doivent avoir la même chance pour la sécurité et la liberté – et la même chance de rejoindre les institutions européennes. Toutes les nations devraient comprendre qu'il n'y a aucun conflit entre l'appartenance à l'OTAN et l'appartenance à l'UE* ». Ingérence américaine sans que personne encore ne bronche…

Tout est dit et tout est conforme à la stratégie évoquée par Zbigniew Brzezinski, américain d'origine polonaise, détestant viscéralement les Russes qui écrira dans son livre « *Le grand échiquier* » édité en 1997 (pour ma part, c'est l'équivalent du « *Mein Kampf* » d'Adolf Hitler dans le sens des prévisions et planifications futures).

Si vous aviez vécu en 1925, vous auriez bien apprécié de lire « *Mein Kampf* » pour comprendre ce qui allait se passer. Eh bien, maintenant vous avez « *Le grand échiquier* » pour comprendre les intentions de l'Amérique sur le monde et le conflit OTAN/UE/UKRAINE contre la RUSSIE y figure...Brzezinski avoue même l'attachement de l'Amérique à l'Union Européenne sauf la Russie.

Il s'agit d'un livre fondamental à consulter pour connaitre les volontés hégémoniques des USA pour les années à venir qu'ils veulent appliquer afin de demeurer toujours les premiers dans le monde entier, sans être, entre nous soit dit, à une troisième guerre mondiale près... (Rappelez-vous le testament publique de Monsieur Mitterrand).

L'insolence de leur première place en termes de budget militaire type « offensif » s'élève à 842 milliards de dollars comparé au second budget militaire chinois de type « défensif » de 225 milliards de dollars démontre comme « le nez au milieu d'un visage » les volontés hégémoniques américaines.

Il s'agit de données probantes pour confirmer le mode guerrier des Etats Unis d'Amérique. D'où l'intérêt d'envisager une étude de rapprochement avec les BRICS +, évoqué au chapitre 4.

Et le pire dans tout ça, c'est que la France colle à l'état d'esprit américain. Désormais, nous ne possédons plus un ministère de la Défense, mais un ministère des Armées. Tout est dit.

Comment fonctionne l'Union Européenne ?

Dès le départ, les États-Unis ont mis en œuvre une stratégie dénommée « stratégie des chaines » qui a consisté à pousser continuellement les Etats européens à adopter des règles qui les conduisent progressivement à s'entraver dans des liens absurdes et autobloquants, leur ôtant ainsi toute mobilité stratégiques et tactique :

Depuis le début de la construction européenne avec six pays pour la CECA (Communauté européenne du charbon et de l'acier), en passant par 12 pays, puis 28, pour maintenant s'orienter à une Europe à 40 pays, l'UE s'est transformée en une immense machine bureaucratique.

L'introduction de l'euro, en 2000, a contraint la Banque Centrale Européenne à fixer des taux d'intérêt qui ne satisfont pas la plupart des pays de la zone euro, chacun ayant une économie qui lui est propre. Ceci conduit en France à une lente destruction généralisée de l'économie de l'industrie, pour ce qu'il en reste, vu le travail de sape du futur Président des États-Unis d'Europe : Emmanuel Macron ! D'ailleurs, l'appellation exacte devrait être : États-Unis en Europe !

L'UE compte 24 langues différentes avec 3 alphabets distincts.

La Grande Bretagne ne faisant plus partie de l'UE, plus aucun pays ne parle l'anglais ! Pourtant, la Présidente allemande de la Commission de Bruxelles Ursula Van Der Leyen ne s'exprime qu'en anglo-américain.

La réglementation européenne progresse d'environ 100 pages par jour avec un total actuel de 250 000 pages, rendant de plus en plus impossible le respect des obligations fixées par la Commission impliquant des sanctions financières aux pays hors réglementation. Et ne croyez pas que cela va s'arranger et nos agriculteurs continueront à souffrir !

Pour favoriser la réussite de ce plan et rendre inaudible toute tentative d'opposition, les États-Unis et les grandes puissances financières ont pris progressivement le contrôle du milieu politique et des grands médias (selon « Reporters sans frontières », la France se situe dans le peloton de queue des pays européens).

Selon l'article 3 du TFUE (Traité sur le Fonctionnement de l'Union Européenne), la Commission européenne possède une compétence exclusive, c'est-à-dire qu'elle possède les « pleins pouvoirs », dans les domaines stratégiques que sont :

- La politique monétaire pour les pays dont la monnaie est l'euro via la Banque Centrale Européenne (BCE), ce qui retire de fait aux Etats toute marge de manœuvre et qui est l'une des causes de la désindustrialisation et du chômage.

- Les règles de concurrence, dont l'un des effets est le démantèlement et la privatisation des services publics ou encore la dégradation des acquis sociaux.

- L'union douanière, ce qui explique les importations massives depuis les pays à faibles coûts de main d'œuvre.

La Commission européenne possède une compétence partagée dans d'autres domaines tels que :

- La politique sociale des Etats.
- L'environnement, avec l'influence forte qu'elle détient sur les Etats pour des choix favorisant le commerce souvent au détriment de la protection de l'environnement et des attentes de l'opinion publique.

La commission européenne dirigée par Van Der Leyen et ses 26 commissaires « non élus », un par pays membre, est l'exécutif de l'Union européenne, avec en plus, l'initiative des lois.

Le principe de séparation des pouvoirs préconisé par Montesquieu ayant contribué à définir le principe des démocraties occidentales, en particulier en matière de séparation des pouvoirs, est totalement bafoué.

La France n'a pratiquement plus aucun poids au sein de l'UE : elle doit composer avec 27 autres pays défendant des intérêts contradictoires. Tout est sclérosé !

Le Président de la République française, ses ministres, sénateurs et députés ne s'occupent désormais plus que de sujets secondaires.

Ils ne décident plus rien d'essentiel et se contentent de voter et surtout d'imposer, en l'absence totale de démocratie (on ne gouverne plus qu'avec le 49.3) les transpositions -obligatoires sous peines d'amendes bruxelloises- des directives ou règlements européens en droit français.

La France a abandonné totalement sa souveraineté au profit de l'Union européenne, qui s'avère une entité technocratique dépourvue de légitimité démocratique.

De deux choses l'une :

Ou bien, nous allons vers la destruction totale de la France,

Ou, nous changeons pacifiquement de logiciel politique en votant la sortie de l'UE.

Les gens croient que l'Europe, c'est la paix et qu'à ce titre, c'est la raison majeure de ne pas en sortir. Hélas, c'est totalement faux !

Vassale des États-Unis d'Amérique, l'Union Européenne n'a jamais été autant une organisation guerrière. Comme confirmé ci-dessus, les ministères de la Défense ont fait place désormais à des ministères de la guerre couplés à l'OTAN – Organisation de l'Atlantique Nord – qui aurait due disparaitre en même temps que le Pacte de Varsovie, l'UE est restée dans « sa » guerre froide !

Dans ces conditions UE + OTAN ne sont plus dans des philosophies défensives, mais bien plutôt dans des idéologies offensives..

Le conflit USA/OTAN/UE/UKRAINE contre la Russie le démontre depuis 2021 pour bientôt dans un futur proche s'armer contre la Chine et sa province chinoise de Taïwan et qui sait, un jour, contre un des pays des BRICS +, volonté impérialiste américaine oblige et européenne vassalisée !

L'UE et sa propagande devenue totalitaire se construit avec pour base la première guerre mondiale qui remonte il y a plus d'un siècle. Pour ceux qui connaissent l'Histoire, les motifs sous-jacents à la première guerre mondiale étaient « une guerre de civilisation » afin d'assurer la paix du monde !

Cette remarque est de la plus haute importance pour vous aider à choisir votre vote aux prochaines élections européennes.

Il n'y a pas eu de guerre en 1948 lors du blocus de Berlin lorsque les soviétiques ont encerclé Berlin-Ouest, car il y eut tout simplement un pont aérien pour fournir de la nourriture aux berlinois ! Et pourtant, l'UE n'existait pas !

Pour le soulèvement en 1953 du soulèvement de Berlin-Est, il n'y a pas eu de guerre. Et pourtant, l'UE n'existait pas !
L'insurrection en Hongrie en 1956 n'a pas non plus généré de guerre ! Et pourtant, l'UE n'existait pas !

De même, l'insurrection en Tchécoslovaquie en 1968 n'a pas déclenché de guerre ! Et pourtant, l'UE n'existait pas !

S'il n'y a pas eu de guerre en Europe de 1945 jusqu'aux années 1990, la prétendue construction européenne n'y est strictement pour rien !

C'est tout simplement du fait des dissuasions nucléaires respectives...Ce que ne comprend absolument pas le diabolique Macron ou alors c'est qu'il a une idée derrière la tête !

C'est quand même malheureux qu'aucuns officiers généraux d'active ne défendent ce point de vue...

Cette propagande est bien entendu répétée à chaque élection européenne dans des habiletés différentes désormais !

Il faut aller voter en masse contre l'UE pour être en conformité avec le referendum de 2005 qui a mis en lumière un mépris total du NON français : « Français, réveillez-vous ! ». Les Etats-Unis d'Europe sont à votre porte et vous fera perdre tous vos droits. Vous n'aurez que vos yeux pour pleurer.

Le rapport européen dit « Verhostadt » du nom de son auteur, évoqué dans le paragraphe suivant, et débattu non démocratiquement, pose une grande incertitude sur la zone euro et constitue un grave danger pour les jeunes français.

Même la République tchèque fortement européiste au même titre que les autres pays de l'Est ayant subi le joug soviétique avant la tombée du mur de Berlin, est fortement dubitative quant à son entrée dans la zone euro.

D'ailleurs la Banque Nationale tchèque est plutôt réticente pour ne pas dire fortement négative à l'entrée de son pays dans l'euro et elle a émis deux avis à cet effet.

- D'une part, la zone euro a du mal à dégager de la croissance contrairement aux autres pays européens qui eux ont conservé leur monnaie nationale.

- D'autre part, c'est surtout du fait du poids des dettes et déficits publics des pays de la zone euro. Il sera très intéressant de suivre à ce propos le débat prévu en Belgique au mois d'avril 2024 sur l'élargissement de l'Union européenne. Bien sûr, je sais ce qu'ils vont vous dire : « Plus on est nombreux, plus on est fort ! La devise belge est « *L'Union fait la force* » pourtant wallons et flamands sont fortement divisés…

Le rapport « Guy Verhofstadt » symbole du fédéralisme européen prévoit différentes modalités telles qu'un Super État Européen où le président de la commission européenne deviendrait Président de l'UE avec une armée européenne et un droit européen supérieur aux droits des nations.

Attention « amis lecteurs », ne vous laisser pas berner !

Il est à noter que le Président Macron a concocté avec la Présidente de la commission européenne Ursula Van der Leyen, une loi de programmation militaire 2024-2030 pour des armées offensives avec un budget de 413 milliards d'euros. Cette loi votée par la totalité de tous, je dis bien TOUS, les députés (donc tous des faux-culs qui ne défendent jamais l'intérêt du peuple français).

Renaissance, Reconquête, Modem, Horizons, NUPES, EELV, LR, RN, dans un contexte de réarmement intensif prévoit de nombreuses atteintes à la Liberté en matière de réquisition physique et matérielle.

« Jeunes gens » : quand vous serez obligés d'aller au front sous peine d'emprisonnement et de maintien de vos biens sous séquestre, vous pourrez toujours aller remercier vos parents et grands-parents « boomers » de vous avoir maintenus dans une Europe Souveraine puisque vous n'êtes plus souverains comme le sont les Suisses, par exemple.

La loi parlementaire belge Guy Verhofstadt votée par le parlement européen le 22 novembre 2023 puis confirmée par le Conseil européen mi-décembre 2023 constitue un grave danger démocratique et se résume au fait qu'il y aura deux changements majeurs.

D'une part, un élargissement de l'UE à 35 ou 37 Etats membres sous influence allemande et d'autre part, la fin du vote à l'unanimité en matière des armées et des affaires étrangères, le président de la commission devenant Président des Etats Unis d'Europe, ce que rêve de devenir Macron (si vous analyser toutes les conférences-fleuves de François Asselineau qu' hélas tous les Français n'ont pas pris connaissance, vous comprendriez qu'ils vous emmènent, ces fous, dans un remake » de la guerre 14/18).

Cette loi belliciste et offensive était-elle nécessaire alors que la France dispose encore, jusqu'à nouvel ordre européen, de sa dissuasion nucléaire et de l'équilibre de la terreur ?

Mais l'objectif de Macron est de brader celle-ci ainsi que notre place à l'ONU et de son droit de veto où le général de Gaulle avait réussi l'exploit incroyable de figurer parmi les cinq vainqueurs de la seconde guerre mondiale avec les USA, l'URSS, la Chine et la Grande Bretagne.

L'UE, c'est le danger absolu. Il est grand temps d'en sortir !

C'est bien pour cela que Macron a prévu de déléguer Notre dissuasion nucléaire. Avez-vu un militaire se rebeller sur cette décision ? Non, aucun n'a bougé ?

Sans le vote des Français contre les partis politiques qui ne veulent pas entendre parler de Frexit, demain la France sera morte !

Alors, je vais tenter de vous expliquer brièvement pourquoi cette loi de programmation militaire est offensive plutôt que défensive. Elle est toute simplement programmée sur la base d'une raison fondamentale **: l'UE se prépare à faire la guerre à l'Afrique, le Moyen Orient et l'Asie du fait des raisons ci-dessous :**

PREMIÈRE RAISON. Un déclin démographique extrêmement important de l'Allemagne et des autres pays européens qui se situe dans un vieillissement accéléré. La France, en revanche, sauve sa mise grâce à un déclin démographique beaucoup plus modéré.

Mais les pays de l'Est de l'UE ne sont pas moins lotis, car ils sont tous en déclin démographique (il est à noter, pour mémoire, que la Russie a subi une chute vertigineuse de sa démographie dès les années 1990, pour remonter extraordinairement dès les années 2005/2006 (merci la gestion de Vladimir Poutine).

Il faut rappeler également que la gestion du méchant Poutine si souvent décriée par les gentils européens a fait remonter « sa » Russie la faisant remonter au niveau qu'elle possède aujourd'hui alors qu'aux lendemains de la chute de l'URSS, le niveau de vie avait chuté de 45/50%.

Et savez-vous pourquoi les Russes ont su résister à cette chute vertigineuse de leur économie ? Tout simplement, parce qu'ils retrouvèrent LEUR LIBERTE.

Vous vous voyez, vous Français avec une perte de pouvoir d'achat de 45/50% ? Et pourtant les Russes l'ont fait.

LA LIBERTE N'A PAS DE PRIX ! C'est ce que vous propose François Asselineau à la tête de son parti : l'Union Populaire Républicaine avec son leitmotiv : UNE LIBERATION NATIONALE !

Au regard de cette analyse démographique de l'UE, sortons à présent de ce cadre pour analyser l'Afrique par exemple. En 1995, l'Afrique a fait sa bascule en termes de population vis-à-vis de l'Union Européenne qui atteindra en 2050, les 2 milliards d'habitants contre 600 millions pour l'UE.

De ces données, on peut en tirer une première conclusion à savoir que le choix stratégique de l'UE est totalement erroné.

Au lieu de développer les meilleures relations possibles avec les pays d'Afrique, d'Amérique latine, d'Asie, mais aussi du moyen Orient, en clair les BRICS + et demain les BRICS +++ où les pays du Maghreb auront leur mot à dire, qui représenteront 85% de la population planétaire dans 40 ans, la France a intérêt de sortir du triptyque UE/EURO/OTAN, retrouver sa souveraineté, sa monnaie nationale, son indépendance militaire de défense grâce à sa dissuasion nucléaire et envisager un partenariat avec les BRICS +, en particulier avec la Russie.

DEUXIÈME RAISON. Les réserves mondiales de pétrole se situent en priorité :

. 1/ au Moyen Orient avec 750 milliards de dollars de réserve de barils.
. 2/ Ensuite, très loin derrière, en Russie avec 140 milliards de barils.

. 3/ En Afrique, avec 114 milliards de barils.. 4/ En Amérique latine notamment au Venezuela avec 103 milliards de barils. 5/ L'Amérique du nord avec 59 milliards de barils sachant que vers 2040 les réserves US hors Alaska devraient être épuisées . 6/ L'Asie et l'Extrême Orient avec 42 milliards de barils

TROISIÈME RAISON. La stratégie de l'Union Européenne dans son article 42 subordonne la politique militaire de l'UE à l'OTAN dirigée par les Américains, nous entraine dans la folie guerrière des États-Unis d'Amérique qui veulent mettre la main sur les hydrocarbures du Moyen Orient.

QUATRIÈME RAISON. L'autre raison de l'UE devenue belliciste est de préparer la guerre qui se résume au Choc des Civilisations de Samuel Huntington évoqué supra pour refonder l'ordre mondial mais aussi de la politique de Zemmour et Maréchal qui l'expriment, d'ores et déjà, dans leur campagne des européennes 2024.

CONCLUSION : Si vous voulez éviter une 3e guerre mondiale qui se prépare à vos portes par l'alliance américano-européenne, que faut-il faire ?

Rétablir la mission universelle de la France en étant le porte-parole de l'émancipation des peuples et de la Liberté du monde comme l'avait fait en 2003 Dominique de Villepin lors de son intervention à l'ONU pour s'opposer à la guerre en Irak montée de toutes pièces par les USA et ses alliés occidentaux du moment, intervention saluée unanimement dans le monde entier (rappelez-vous de la fiole mensongère d'anthrax brandie à l'ONU par le chef d'état-major des armées américaines Colin Powell) pour appuyer l'intervention américano-occidentale en Irak et qui fera plus 1 million de morts ukrainiens sans que personne ne demande à ce jour la traduction devant le Tribunal Pénal International (TPI) de l'ancien Président des Etats-Unis, George W. Bush, désormais criminel de guerre.

Pourtant, Van der Leyen, Macron et les autres politiques et journalistes européistes et atlantistes se bousculent au portillon pour faire traduire le méchant Poutine devant le TPI mais surtout pas George W. Bush.

Lorsque l'UPR sera au pouvoir, il faudra inscrire dans la Constitution française le principe de l'incessibilité du siège permanent de la France au conseil de Sécurité de l'ONU, siège obtenu grâce à la volonté personnelle du général de Gaulle ; siège actuellement menacé par l'hégémonie américano-européenne ; beaucoup plus important que l'inscription de l'IVG dans la Constitution.

Il faudra également :

- Retirer immédiatement la France de l'OTAN ainsi que de son Commandement militaire intégré et entrevoir une alliance avec les BRICS + (rappel : l'OTAN créé en 1949 et le Pacte de Varsovie créé en 1953). Mais à la chute de l'URSS et de son pacte de Varsovie, l'OTAN aurait dû être dissoute alors qu'au contraire elle s'est maintenue pour devenir de plus en plus en plus offensive contrairement à sa création originelle de défense.

- Fournir une réponse crédible internationale pour un équilibre de la terreur.

- Proposer à l'ensemble des Etats membres de l'ONU de transférer le siège de l'UNESCO de Paris à Strasbourg à la place actuelle du Parlement européen. Parallèlement, créer « un Centre Mondial de la Concordance entre les Civilisations », véritable œuvre de paix mondiale.

- Créer un « Parlement de la Francophonie » dans les locaux rendus disponibles par le transfert de l'UNESCO de Paris à Strasbourg. Avec la sortie de l'UE et l'argent français qui lui est distribué au profit des Etats de l'Europe de l'Est, Russie exceptée, cela permettrait de réorienter nos fonds devenus souverains en direction des pays de la francophonie.

Toutes ces idées, je ne les ai pas inventées. Elles sont le fruit des analyses de Monsieur Asselineau dans ses diverses conférences.

En conséquence, nous sommes bien dans une Union Européenne, porteuse de guerre assimilable à un apartheid planétaire !

Au lieu de vouloir changer l'Europe de l'intérieur ou encore construire une autre Europe et convaincre de manière impossible les 26 autres Etats comme proposé hypocritement de manière stérile par l'ensemble des partis politiques de France et de Navarre, il n'y a qu'une seule chose à faire : **appliquer inexorablement l'article 50 du Traité sur le Fonctionnement de l'Union Européenne (TFUE), c'est-à-dire, ni plus ni moins, se retirer de l'UE.**

Pourquoi l'union Européenne est source de chômage pour la France ?

L'évolution du chômage dans l'UE et en France est confirmée année après année par les statistiques officielles d'Eurostat, qui est l'office statistique officiel chargé d'agréger les données officielles du chômage (elles ne prennent pas en compte bien entendu le chômage camouflé et/ou déguisé).

Elles ne prennent pas en compte non plus les citoyens qui s'expatrient. A titre d'exemple, au Portugal, sur une population de 10,5 millions d'habitants, ce sont plus 150 000 portugais qui s'expatrient, conséquences du fonctionnement de l'UE, pour aller chercher fortune ailleurs vers leurs anciennes colonies lusophones tels que le Brésil et l'Angola.

A titre de comparaison, la France métropolitaine compte à peu près 63 millions d'habitants. S'il venait aux Français la même idée d'expatriation, la France perdrait 900 000 habitants par an. En deux ans, ce serait une région comme la Haute-Normandie qui disparaitrait.

C'est dramatique ce qui se passe au Portugal, mais c'est la faute de l'Europe et de ses décisions. La même chose s'effectue en Grèce...Ces exemples sont donnés pour comprendre comment ça se passe pour les dix autres pays de l'UE HORS MONNAIE EUROPENNE.

Ce qui est capital et important de comprendre, c'est que ce constat permet de dire que l'euro est la cause n°1 de la montée du chômage !

En matière économique, l'adoption obligatoire des GOPE (Grandes Orientations de la Politique Economique) imposées par la Commission de Bruxelles enlève une immense part d'initiatives de la France qui, de fait, n'a plus son mot à dire.

Partant de cette perte de souveraineté, les GOPE se déconnectent des réalités sociales et économiques de notre pays.

Avec la complicité de Macron qui ne veut pas se rebeller puisque atlantiste et européiste convaincu répétant sans cesse « Europe Souveraine », le Président de la République Française a durant ses deux mandats été responsable de l'augmentation de chômage et des taxes sans cesse croissantes.

Mais aujourd'hui, il le sait ! C'est pour cela qu'il fait sans cesse « diversion » pour enfumer les Français (exemple ; la très importantissime loi sur l'IVG inscrite dans le marbre de la Constitution Française en montrant qu'il est le premier pays à l'avoir fait).

Encore une fois, il se positionne en tant qu'Occidental qui sait tout sur tout (les BRICS + doivent bien rigoler...)

Autres fautes de la part de Macron et de l'UE, une faiblesse chronique des exportations, la fermeture constante des usines, la disparition des exploitations agricoles, etc.

Concernant les dettes de la France, elles se remboursent en monnaie nationale qui aura cours en France et se paieront dans cette nouvelle monnaie (cf. chapitre deux)

La politique économique de l'UE est un fiasco et cela va s'aggraver compte tenu des décisions débiles prises à l'occasion du conflit USA-UE-OTAN-UKRAINE contre LA RUSSIE, conflit hyper médiatisé par la TV mainstream en faveur unilatérale de l'UE, sans aucune objectivité ! Et le drame pour moi, c'est de voir des dizaines de militaires de plateaux TV soutenir cette hérésie.

Finalement, les pays qui décideront de sortir au plus tôt de l'UE et de l'euro seront sans doute les moins pénalisés ; ce qui est déjà le cas en Grande Bretagne !

Sur le plan démocratique, l'Union Européenne est une « démocrature » puisqu'elle n'a jamais été choisie par le peuple, mais imposée de manière parfois extrêmement habile et insidieuse.

Rappelons la devise de l'UPR dans sa charte fondatrice : « L'union du peuple pour rétablir la démocratie ». Tout est dit dans cette devise !

Ce qui est grave, c'est qu'au fil des années, l'UE tend toujours à favoriser l'action des grands groupes (lobbies) au détriment des citoyens, les grosses entreprises voire monopoles au détriment des plus petites, les produits synthétiques au détriment des produits naturels, les normes au détriment du bon sens. Les agriculteurs en savent quelque chose…

Evidemment, ces actions s'effectuent avec la complicité des députés européens dont aucun ne dénonce ces non-sens puisqu'aucun d'entre eux ne souhaitent sortir d'UE.

C'est pour cela qu'en juin 2024, il faut à tout prix élire des députés partisans du Frexit avec une ferme volonté d'unir gauche et droite.

L'Europe n'est pas une démocratie, car le Parlement européen + la Commission non élue, cela ressemble trop au Soviet Suprême et de de son Comité Central du Parti Soviétique de l'Union Soviétique.

Sur le plan fonctionnement de sa bureaucratie, l'UE ne fonctionne pas ! Pour un coût exorbitant de fonctionnement, l'UE met la France dans une situation extrêmement difficile, car elle est incapable d'harmoniser les règles fiscales, sociales et budgétaires des pays membres créant une grave injustice sur les plans économique, social, écologique, etc.

Quand avez-vous entendu une chaine de TV vous parler de ce qui se passe ne serait-ce que chez nos voisins proches : Allemagne, Italie, Belgique, Pays-Bas, Suède ? On ne vous dit jamais par exemple que le Danemark et la Suède, membres de l'UE, mais qui ont conservé leurs monnaies nationales possèdent une économie florissante avec quasiment pas de chômage. Vous connaissez le smic dans ces deux pays : 3 000 euros par mois !

La liberté d'expression dans l'UE. Non seulement, elle n'existe pas, mais surtout elle est tronquée accusant tout débatteur, n'étant pas eurolâtre ou européiste, de complotistes. Les partisans du Frexit ne sont jamais admis sur les chaines traditionnelles à l'exception d'un ou deux frexiteurs, exemple Philippot, faisant partie du système des oligarques milliardaires : c'est hypocritement dans le but de faire diversion en montrant que ce sont des chaines pluralistes, ce qui est totalement faux !

IMPORTANT EGALEMENT : Il est à noter par ailleurs que toutes les questions relatives à la sortie de l'UE vont à l'encontre de l'intérêt des banques ; les banques ne veulent pas sortir de l'UE.

C'est sous la pression des banques que très peu de candidats proposent d'activer l'article 50 du TFUE afin de sortir de l'Europe (l'argent, toujours l'argent au détriment de la souffrance des peuples. Ils s'en mettent plein les poches et sont prêts à envoyer les conscrits sur le théâtre d'opérations ukrainien).

En conclusion, Il n'y a pas de peuple européen. Si sa culture commune se résume aux 240 000 pages du règlement européen, alors bravo pour sa belle poésie !

L'euro n'est pas une monnaie unique contrairement aux mensonges proférés pour déstabiliser les peuples. Ce n'est pas une monnaie unique. RAPPEL IMPORTANT : **L'EURO EST SEULEMENT UNE MONNAIE COMMUNE et non pas une monnaie unique.**

Ceci a le mérite d'être dit, tout simplement, parce que les pays d'Europe ont tous conservé leur monnaie nationale, car les pays de l'UE ont gardé leur Banque Centrale Nationale. Mais vous ne risquez pas de le savoir puisque tous les journalistes-menteurs professionnels refusent tout débat du l'UE.

Ce ne sont pas non plus les pseudos-opposants politiques évoqués au chapitre six du présent ouvrage.

Il existe toujours une Banque de France, il y a toujours une banque d'Allemagne : la Bundesbank (la Banque Fédérale Allemande). Il y a toujours une banque fédérale de Grèce, une banque centrale italienne, etc.

Ceci a été fait à la demande de l'Allemagne pour que ce soit justement facilement réversible.

Qu'est qui s'est passé avec l'euro ? Un jour, il a été décidé que toutes les monnaies nationales s'appelleraient « euro », mais ça n'empêche pas que la monnaie nationale continue d'exister. En France, c'est 6,55957 francs français qui sont devenus 1 euro !

A titre d'exemple, mon ami Jean-Etienne possède sur un compte courant de la Société Générale 200 000 euros. Ces 200 000 euros, en termes juridiques, sont des créances sur la Banque de France.

Si demain, mon ami Jean-Etienne souhaite ouvrir un compte à Munich ou à Berlin ou à Hambourg dans la banque de son choix pour y transférer ses 200 000 euros, il en a parfaitement le droit.

Les 200 000 euros ainsi transférés en Allemagne ne constitueront plus des créances sur la Banque de France, mais sur la Bundesbank.

Alors, ça change tout. Parce que le jour où l'euro explosera…et il explosera, car toutes les monnaies plurinationales de l'Histoire ont toujours fini par exploser et, au moment de cette crise, les grandes fortunes transfèreront massivement leurs avoirs vers l'Allemagne, car le Deutschemark gagnerait 20% alors que le Franc Français en perdrait 10%.

Vous pensez que si tous les particuliers des pays du sud de l'Europe transféraient leur argent en Allemagne, cela ferait les affaires de ce pays. Absolument pas, car la contrepartie juridique et comptable de cette affaire, c'est que la Bundesbank verrait arriver à l'actif de son bilan des créances sur des banques centrales nationales, en l'occurrence, ici : la Banque de France.

J'ouvrirai une parenthèse pour dire que les dépenses des représentants nationaux pour lesquels vous avez voté sont-elles légitimes ? Si nous votions un peu différemment ne serait-ce que pour réduire nos impôts, ne serait- pas un peu mieux ? Qu'en dites-vous ? Et si on essayait…

Comme je critique beaucoup dans ce livre les Américains qui colonisent la France à travers l'Union Européenne, je mets un tableau ci-dessous pour redorer un peu leur image, mais pas pour défendre la journaliste Léa Salamé qui accuse Monsieur Asselineau d'antiaméricanisme primaire. Je vous laisse le soin d'en tirer vos propres conclusions étant entendu que le programme UPR des présidentielles 2027 prévoit leur réduction drastique (upr.fr).

USA : élus américains pour 330 millions d'habitants	France : élus français pour 68 millions d'habitants
100 sénateurs (2par État) : Chambre Haute	**348 sénateurs** (3,5 / département)
	577 députés (5,7 / département)
435 représentants de la Chambre Basse	**2 040 conseillers régionaux**
50 Gouverneurs (1 par État)	**4 042 conseillers généraux**
Les maires des villes américaines travaillent à la fois dans le privé tout en s'acquittant des tâches d'élu municipal	**34 945 maires** refusant la démocratie démocratiques » puisqu'ils refusent de parrainer les opposants politiques. Vous y réfléchirez aux prochaines municipales. C'est important de savoir à qui on à faire…
	519 417 conseillers municipaux
	38 00 élus intercommunaux
	19 015 élus en tout genre

En France, ça nous fait un élu pour 109 habitants. Un record mondial ! Avons-nous besoin de tous ces élus, surtout pour le travail et la défense des Français qu'ils ne fournissent pas ?

Qu'en pensez-vous Madame la Procureure en chef ou bien l'accusatrice n° 1 Léa Salamé ?

Si la France adoptait la même résolution que les Américains en termes d'élus nationaux au regard de leur population respective, quel serait le nombre de sénateurs et députés qu'il faudrait à l'élection présidentielle de 2027 ?

72 sénateurs au lieu de 348 actuellement
90 députés au lieu de 577 députés actuellement

« À MEDITER... AUX URNES CIYOYENS... »

Pour mémoire, je vous conseille d'aller regarder sur upr.fr le programme présidentiel de l'UPR totalement différent des autres partis politiques français quand ceux-ci en possèdent un !

Et je vous conseille d'aller comparer les programmes des autres partis.

APPEL AUX ABSTENTIONISTES : Si vous voulez changer radicalement de logiciel politique pensez un peu à l'Union Populaire Républicaine qu'on occulte des débats politiques.

D'ailleurs, j'en veux énormément à un centriste comme le macroniste Bayrou qui a voté François Hollande en 2012 tout simplement par haine viscérale envers Nicolas Sarkozy ?

Monsieur Bayrou disposait d'une banque de parrainages dont les Français n'ont jamais été tenus informés du nombre de parrainages attribués. Cette banque créée sous couvert hypocrite de pluralisme politique du fait qu'ils avaient tellement ostracisé des débats de candidats majeurs tels que Marine Le Pen, Éric Zemmour ou Jean Luc Mélenchon risquaient de ne pas obtenir leurs 500 parrainages.

Ce scandale démocratique de ces 500 parrainages, magouille politique imposée lors du quinquennat Hollande, père spirituel de Macron (on ne change pas une équipe qui gagne) est un révélateur de cette « démocrature » désormais mise en place.

Résultats des courses : Bayrou a accordé comme bon lui semble les milliers de parrainages dont il disposait à qui bon lui semble…Au passage, il a oublié François Asselineau (ben voyons comme aurait dit Zemmour) à qui il manquait une dizaine de parrainages alors qu'il les avait auparavant obtenus en 2017.

Il est à noter qu'aucun candidat ne s'est rebellé contre ce déni de démocratie leur permettant, de facto, d'éliminer un candidat. Bizarre, non ? Et Bayrou de vanter d'avoir agi pour donner du pluralisme aux débats politique ; que des mensonges…

CHAPITRE DEUXIÈME

SORTIR DE L'EURO

« L'Europe intégrée, ça ne pouvait pas convenir à la France, ni aux Français…Sauf à quelques malades comme Jean Monnet, qui sont avant tout soucieux de servir les États-Unis ».

CHARLES DE GAULLE

Préambule :

Aux élections présidentielles de 2017, il fallait à tout prix diaboliser Monsieur François Asselineau, seul candidat à la Présidence de la République revendiquant la sortie de l'Union Européenne, de l'euro et de l'OTAN, bien avant tout le monde puisqu'il fonda l'Union Populaire Républicaine le 25 mars 2007, cinquante ans jour pour jour après la création du Traité de Rome.

Cette diabolisation fut faite à la fois par les politiques et la presse écrite et télévisée. Ainsi, le journal « Le Monde » fit paraitre le jeudi 2 mars 2017, à deux mois du premier tour en première page et en très gros caractères, le GROS TITRE suivant :

« Le cri d'alarme solennel de Valery Giscard d'Estaing, Michel Rocard, Alain Juppé, Jacques Attali, Nicolas Sarkozy, François Hollande et Bernard Henri Lévy »

« L'élection de François ASSELINEAU
provoquerait une Apocalypse politique et économique »

Pour éliminer un candidat qui dérange, on ne pouvait faire mieux. Il n'y a pas de hasard.

Ce media de propagande financée avec les impôts des contribuables notera dans ses éditoriaux : « Il faut sauver l'euro ». Aucune place à la démocratie et aux débats démocratiques pour un candidat à la Présidence de la République. Le journal « Le Monde » défendait comme d'habitude, en exprimant cette fameuse et désormais habituelle « pensée unique totalitaire » (La PUT comme l'appelle désormais le peuple éclairé, prononcez : pute).

A force de demeurer dans la dénégation, la France finira en catastrophe.

Par extension, les américano europhiles, s'exprimant par la voie de la Maison Blanche, sont inquiets et formule l'article ci-après :

« *Washington se dit "préoccupé" par la prochaine élection présidentielle française* ».

« Le Monde », ce journal propagandiste rajoute : « La Bourse espère encore la victoire du candidat socialiste ».

La guerre médiatique, de l'information et de la manipulation des cerveaux faisant effet, ce sera Emmanuel Macron qui sera élu, choisi par les médias qui se préparent à faire de même pour 2027.

Rappelez-vous : Macron, présenté, honoré et plébiscité par la presse en le présentant comme le Mozart de la Finance et le nouveau JFK...Mais, nous y reviendrons plus loin...

Ces désinformations, car l'information, c'est le Pouvoir, vous les aurez constamment, car nous sommes entrés dans la guerre du IIIe millénaire qui est d'abord une guerre médiatique, une guerre de manipulation des cerveaux.

Cela a commencé depuis longtemps, mais cela s'est accentué notamment avec l'exclusion de François Fillon en 2017 pour faire élire le chéri des journaleux : Emmanuel Macron. Plus subtilement, en 2022 on a évité de donner des parrainages au(x) candidat(s) dérangeant(s) avec François Bayrou aux manettes.

Imaginons qu'un candidat partisan de la sortie du triptyque « UE/EURO/OTAN soit élu Président de la République en 2027 ? Que se passerait-il ?

Tout d'abord, il n'y en a qu'un seul qui dit la Vérité, c'est François Asselineau et je vous invite à visionner sa conférence de 2016 : « Le monde d'après » de 3h40 sur youtube où il dit à la 37e minute :

« Il va se passer quelque chose d'absolument inouï : je vais appliquer le programme pour lequel j'aurai été élu. J'avoue que c'est à peine croyable. Et pourtant, c'est vrai, puisque je consacre ma vie à ça. Donc, je mettrai en œuvre le programme pour lequel j'aurai été élu, à la grande stupéfaction peut-être d'un certain nombre de personnes ».

La mise en œuvre de l'article 50 du traité de l'Union Européenne est le seul article permettant de sortir de l'UE, il n'y en a pas d'autre. C'est également le seul article qui permet de sortir de l'euro ! Je vous ferai grâce dans cet ouvrage des modalités techniques liées à cet article 50 ; ce qui nous intéresse ici c'est de parler de la sortie pratique de l'euro.

La sortie de l'euro et le rétablissement du franc.

Le rétablissement du FRANC, qui veut dire LIBRE constituera à un rétablissement de la démocratie en France au lieu et place de la dictature européiste actuelle, mais aussi celle mise en place habilement par Macron depuis 2017 !

Il va sans dire que si la France sort de l'euro, il y aura un effet domino, ne serait-ce que pour les pays de l'Europe du Sud tels que la Grèce, l'Italie, l'Espagne et le Portugal.

En disant ceci, vous comprenez pourquoi ceux qui parlent de cette sortie sont systématiquement bâillonnés et censurés ; ce qui n'est pas le cas évidemment de la macronie ni des autres partis d'opposition.

Pour éclairer mes lecteurs, le rétablissement du franc s'effectuera comme suit après le jour J correspondant à l'élection du nouveau Président de la République Française en 2027. C'est clair et limpide étudié par un homme d'État, visionnaire, vice-major de l'école nationale d'administration qui s'est déplacé dans une centaine de pays sur 195. Pas mal, non ? Je vous laisse deviner de qui il s'agit. Ne serait-ce pas François Asselineau, par hasard ?

- Avant J + 2 mois : Notification aux partenaires européens de la décision souveraine des Français de quitter l'Union Européenne et de sortir de l'euro conformément aux dispositions légales de l'article 50

Dans les jours suivants :

- La République Française rétablit le contrôle des mouvements de capitaux (à l'exemple de ce qu'a fait Chypre).

- Un appel d'offres est lancé pour procéder à la fabrication des pièces et billets de notre nouvelle monnaie nationale, avec des contraintes spécifiques de sécurité et de délai.

- Avant J + 3 mois : l'État passe commande des pièces et billets aux soumissionnaires retenu pour l'appel d'offres.

- Avant J + 7 mois : Mise en circulation des nouveaux billets et pièces en FRANCS.

Il est à noter que la France malgré la volonté macronienne de la détruire reste encore l'un des champions mondiaux de la production des billets selon les critères de sécurité des technologies les plus en pointe.

La France dispose en effet : d'une part, de l'usine de la Banque de France de Chamalières et ; d'autre part, de l'usine de l'entreprise privée FCOF de François-Charles Oberthur Fiduciaire, troisième imprimeur mondial de billets de banque et n°1 mondial des documents d'identification.

- La fixation du graphisme.

Comme indexé en fin d'ouvrage dans une annexe intitulée « Charte de fonctionnement de l'UPR », l'Union Populaire Républicaine est un Mouvement de Libération Nationale se situant au-dessus du clivage droite-gauche, à contrario des autres mouvements politiques qui ne voient qu'à travers le rassemblement des droites et/ou rassemblement des gauches…

Le graphisme des nouveaux billets en FRANCS rend par conséquent hommage aux personnalités de gauche et de droite.

Afin encore une fois d'éclairer le lecteur, il est indiqué en fin de chapitre une planche concernant ces nouveaux billets et graphismes.

- La fixation du taux.

Le taux de conversion sera de 1 pour 1 (1 billet de 5 euros correspondra à 5 francs, 10 euros pour 10 francs, 20 euros pour 20 francs, 50 euros pour 50 francs, 100 euros pour 100 francs, 200 euros pour 200 francs).

Il est à noter que toutes les dettes et toutes les créances seront traduites au taux de 1 pour 1. C'est une décision souveraine.

Qu'est-ce que l'euro, en fait ?

Après un long préambule technique permettant aux lecteurs de comprendre ce qui se passerait en cas d'élection de l'Union Populaire Républicaine en 2027, voyons dès à présent les finalités de l'euro.

Tout d'abord, il faut comprendre que la création d'une monnaie supranationale correspond à un classique de toute volonté impériale de colonisation, sous couvert hypocrite de faire le bien des peuples concernés.

Le but est de faire croire à un sentiment collectif d'appartenance à une même communauté de destin, en lui imposant au passage une même politique budgétaire, économique et financière. Tout ceci est bon pour intoxiquer les esprits du peuple.

En conséquence, on peut d'ores et déjà dire que l'objectif primordial d'une monnaie supranationale n'est jamais ni technique ni financier. L'objectif politique est avant tout impérial ou colonial.

D'autre part, l'euro n'a rien d'original dans son principe.

Derrière l'euro, il n'y a pas d'État européen puisque celui-ci n'existe pas plus que le peuple européen. Tout simplement, derrière l'euro, il y a un coup d'État du capitalisme financier anglo-saxon sur les démocraties européennes.

Durant 2 140 ans d'Histoire, toutes les monnaies plurinationales se sont toujours disloquées à toutes les époques, sur tous les continents, dans toutes les civilisations, et avec tous les régimes politiques, économiques et sociaux.

Quelques exemples :

- La misérable Bolivie contre l'Espagne royale,
- La minuscule Lettonie contre l'Union soviétique,
- L'Emirat du Bahreïn contre l'Empire britannique ;
- Le Laos contre l'Empire français…

L'Histoire montre également que la durée de vie moyenne d'une monnaie supranationale est empiriquement de l'ordre de quelques décennies comme explicité ci-dessous :

- La roupie du Golfe Persique a duré 12 ans, de 1959 à 1971,

- Le dollar de la Malaisie et de Bornéo a duré 14 ans, de 1953 à 1967,
- La roupie pakistanaise a duré 24 ans, de 1947 à 1971,
- Le franc du Congo belge a duré 44 ans, de 1947 à 1971,
- Le shilling de l'est africain a duré 45 ans au Rwanda et au Burundi, de 1921 0 &ç-- ?
- Le franc imposé dans les pays du Maghreb a duré 46 ans au Maroc et en Tunisie (de 1912 à 1958), et 50 ans en Algérie (jusqu'en 1964),
- Le dinar yougoslave a duré 47 ans, de 1945 à 1992
- Le rouble soviétique a duré 69 ans, de 1922 à 1991,
- La piastre indochinoise a duré 72 ans, de 1880 à 1952.
- Plus près de nous, le franc CFA de l'Afrique (où Macron s'est fait honnir) est en passe du changement du nom de la monnaie. Nul doute que grâce aux banques marocaines très impliquées dans l'évolution de l'Afrique, cela pourra se faire grâce aux aides des différentes banques africaines face au retrait progressif des représentants français au sein des organes de décision et de contrôle de la Banque centrale.

Dans le cadre du nouvel ordre mondial créé par la création des BRICS +, l'Inde différencie actuellement le monde d'avant et le monde d'après. Ainsi, sa monnaie issue de l'Empire britannique qui l'a colonisée, la Roupie devient désormais : le Bharat afin de retrouver son histoire passée.

IMPORTANT ! Ce qui est intéressant à noter, c'est que les monnaies nationales qui avaient disparu au profit d'une monnaie supranationale, ont toujours réapparu !

Comment les monnaies supranationales évoluent-elles ?

Tout d'abord, elles sont créées par la Force ou, ce qui revient au même, par des élections sous propagande (cas de l'euro).

Ensuite, les peuples soumis acceptent la monnaie nationale (puisqu'ils n'ont pas le choix).

Après une lente maturation, on arrive dans la divergence des intérêts nationaux et des chocs asymétriques commençant à miner souterrainement, à ronger la monnaie supranationale qui devient une entrave à la Liberté.

Enfin, cette monnaie supranationale finit par exploser dans le cadre d'un bouleversement politique libérateur majeur (guerre de libération, guerre de colonisatrice, choc politique effarent comme l'effondrement de l'Union soviétique, désintégration comme pour la Yougoslavie).

Ce qui est intéressant à conclure et l'Histoire le démontre au fil des millénaires, c'est qu'il est beaucoup plus facile de SORTIR d'une monnaie supranationale que d'y ENTRER…

Car pour y entrer, il y a toujours une guerre colonisation…Cette remarque fait par conséquent objection aux partisans de l'euro, champions de l'intox, qui vous affirment des prétendues difficultés insurmontables à recréer le Franc. C'est ce qui est fondamental à comprendre.

Conclusion : il n'y a pas de « loi de l'Histoire » qui justifie la création de l'euro. La seule loi monétaire se résume ainsi : « À CHAQUE PEUPLE SA MONNAIE ! » ;

En résumé : qu'est-ce qu'une monnaie ? UNE MONNAIE, C'EST UN PEUPLE !

Quelles sont les raisons pour lesquelles l'euro explosera inéluctablement ?

Il existe au moins sept raisons essentielles pour lesquelles l'euro explosera.

<u>Première raison majeure</u> : comme nous l'avons déjà vu, l'euro n'est pas une monnaie unique, MAIS UNE MONNAIE COMMUNE.

Les peuples et les citoyens croient que les euros sont identiques. C'est à la fois vrai et faux. En apparence, tous les euros sont identiques. Mais ce n'est qu'une apparence, car les euros ne sont pas identiques juridiquement parlant.
J'explique : chaque pays émet sa monnaie nationale qu'elle appelle « euro ».

Personne ne vous le dira, surtout pas les journalistes, et surtout jamais au grand jamais en ne recevant jamais Monsieur Asselineau !

Paradoxalement, nous avons en effet conservé notre monnaie nationale ! Il y a libre circulation des mouvements des capitaux et il n'y a aucune limitation à ce change.

J'en ai parlé succinctement au chapitre 1, sous-titre : « Qu'est-ce qui s'est passé avec l'euro ? ».

CE QUI EST A RETENIR TOUT SIMPLEMENT : c'est que compte tenu que chaque pays a conservé sa Banque centrale, le processus est FACILEMENT REVERSIBLE.

Deuxième raison : ce système provoque structurellement la dégradation des bilans des banques centrales des Etats « vertueux », ce qui devient, à terme, insupportable pour ceux-ci, et tout particulièrement pour l'Allemagne.

Troisième raison : un taux d'intérêt unique pour des économies différentes créé un processus systématiquement aggravant.

Quatrième raison : un taux de change externe unique est destructeur pour les économies les moins compétitives.

Cinquième raison : la zone euro n'est pas une zone monétaire optimale et n'est pas capable de surmonter durablement des chocs asymétriques.

Sixième raison : l'euro conduit nécessairement à la fin de la démocratie et de sa souveraineté nationale (nous en avons l'exemple aujourd'hui, jour après jour, semaine après semaine, mois après mois, année après année, amplifiée par la propagande d'informations actuelles).

Septième raison : les plans de sauvetage de l'euro conduisent au pillage du patrimoine des Peuples et des Etats au profit d'une oligarchie financière, ce qui annone des embrasements politiques dans toute l'Europe jusqu'à l'explosion finale.

Conclusion sur la sortie de l'euro.

Je citerai tout simplement un économiste de renom, Milton Friedman qui a été Prix Nobel d'Economie.
Milton Friedman disait ceci juste à la sortie des premiers euros dans le portefeuille des Français, soit le 7 janvier 2002 :

« Le succès de l'euro est encore incertain en raison des rigidités et des désaccords politiques qui existent parmi les membres de l'Union monétaire. Après la disparition des taux de change comme mécanisme d'adaptation, la question est : qu'est-ce qui va le remplacer ?

Ce qui doit le remplacer, c'est de la flexibilité. Ce qu'il faut, ce sont des salaires flexibles, des prix flexibles et beaucoup de concurrence et de mobilité. Dans ces conditions, l'euro pourrait être un succès.

Mais quand on observe le degré actuel d'inflexibilité parmi les Etats-membres, il est tout à fait pensable que, étant données les conditions actuelles, l'on obtienne une augmentation des dissensions politiques plutôt qu'une diminution.

Mon analyse économique montre qu'il est très douteux que l'euro soit un grand succès. La Banque centrale européenne est responsable des Etats et il est quasiment impossible de les satisfaire tous ».

En conséquence, si on devait synthétiser ou résumer tout ce qui vient d'être évoqué, on pourrait dire ceci :

Comme pour toute monnaie supranationale, remettre en cause l'euro, c'est aussi remettre en cause le pouvoir impérial qui est derrière.

C'est pour cela que tout vrai débat sur la sortie de l'euro est interdit dans les médias français et européens : seuls sont autorisés à contester l'euro des incompétents ou l'extrême droite, ce qui permet de le caricaturer et de l'entourer d'anathèmes.

La conclusion, c'est que l'euro n'est pas viable sur le long terme, mais l'on prétend interdire d'en débattre sérieusement et d'en sortir.

Comment réagissent les détracteurs de la sortie de l'euro.

Pour les lecteurs qui me lisent, il s'agit là d'un sujet fondamental à comprendre.

Ces détracteurs concernent à la fois les médias fermés à tous débats - c'est-à-dire quasiment la totalité - ainsi qu'aux autres partis politiques de l'opposition qui craignent décevoir les médias impliquant la crainte d'être occultés et censurés de la presse écrite et télévisée.

Rappelons au passage que le mot anglais « mainstream » signifie « grand public ». Rien qu'avec cette traduction, on comprend mieux « l'enfumage » dont est victime le peuple français. Il serait grand temps de reprendre l'usage du bon français comme le font d'ailleurs, nos amis québécois francophones.

Ces détracteurs de la sortie de l'euro existent de manière perpétuelle, car tout simplement il n'y a jamais eu de débats contradictoires sur les chaines de TV « Grand Public » qui génèrent des millions et des millions de téléspectateurs. Ce qui implique, que jamais, au grand jamais, le peuple n'est pas réellement éclairé, faussant par voie de conséquence son jugement.

Par ailleurs, ce qui paralyse les débats, c'est de voir et entendre toujours les mêmes personnes comme on a pu le voir lors de la crise covid en excluant les débatteurs qui s'inscrivent uniquement dans la doxa gouvernementale.

Ces mouvements d'opposition proclament toujours le même leitmotiv très puissant : il faut changer l'Europe ! Alors qu'il n'y a qu'un seul message à comprendre, celui d'en sortir radicalement !

Ce leitmotiv pour changer d'Europe est évoqué depuis plus de 25 ans créant un réflexe conditionné dans les esprits de Français alors qu'il est entièrement faux de dire qu'une autre Europe est possible.
Les médias déplacent à cet effet le débat lorsque celui-existe ou bien est accepté...Mais ces derniers utilisent d'autres méthodes rhétoriques avec d'autres arguments tétanisants comme celui fréquemment utilisé de la diabolisation, ou encore d'être fauteur de guerres, ou bien la prophétie apocalyptique voire l'incompétence quand vos détracteurs n'ont plus rien à dire...

Les Français sont par conséquent très mal informés. Exemple : si vous posez une question très simple à un Français : « l'euro est-il irrévocable ? Si oui, donnez un exemple ». Le Français vous répondra la plupart du temps : soit » non », soit « je ne sais pas ».

La réponse est bien sûr : « oui ! L'euro est révocable puisqu'il l'a déjà été au moins une fois depuis sa création avec Chypre ! ». Mais cela, personne ne vous le dira ! Surtout pas les journalistes.

Même pas Mediapart si fort pour dénoncer les scandales et dégager François Fillon en l'accusant de conflit d'intérêts...

Au fait, quand le 1er Ministre Gabriel Attal désigne son ex-compagnon au poste de ministre de l'Europe et accessoirement des Affaires étrangères comme Monsieur (ou Madame, c'est selon) Stéphane Séjourné ; est-ce que c'est un conflit d'intérêt dans ce cas ? Bizarre ce silence assourdissant des journalistes…En revanche, reconnaissons quelques chaines TV comme Cnews qui a mis en lumière les fautes d'orthographe manifestes de ce Monsieur Séjourné. Ce type est incapable de prononcer trois phrases sans commettre une faute de français. Et les anciens continuent de voter pour ces types-là ! Morceaux choisis. On ne dit pas « sur le point de vue », mais « du point de vue ». On ne dit pas « ce qu'ont besoin les Ukrainiens », mais « ce dont ont besoin les Ukrainiens ». On ne dit pas « les principes fondamentals », mais « les principes fondamentaux ».

Pourquoi j'écris ça ? Tout simplement, parce que « les écrits restent, mais les paroles s'envolent ».

Nous sommes dirigés par des incompétents ! Nos ministres, hélas, ne savent plus s'exprimer correctement en français. J'en ai assez de ces incompétents sans expérience et je me dois de le dire à mes lecteurs : **« CHANGEONS RADICALEMENT DE LOGICIEL POLITIQUE ».**

Depuis 17 ans l'UPR est prête au retour du franc français. La preuve en a été donnée dans ce chapitre.

LE RETOUR AU FRANC : SEULE L'UPR EST PRÊTE.

Il ne fait aucun doute que la contrainte de délais de fabrication fixée par notre appel d'offres sera facilement respectée. Rappelons par exemple que la France compte deux entreprises qui se classent parmi les premiers fabricants mondiaux de pièces et de billets. De même, les nouveaux billets bénéficieront sans problème des toutes dernières technologies : bande holographique, bande iridescente, fil de sécurité métallique inséré dans la trame.

L'UPR est un mouvement qui rassemble, au-delà du clivage droite-gauche, tous les Français qui veulent libérer la France de l'asservissement européen. Notre mouvement a donc veillé à ce que vos futurs billets rendent hommage à tous les Français, quelles que soient leurs origines et leurs convictions, et aussi à des étrangers, qui se sont tous battus, souvent au péril de leur vie, pour que **vive la France, le « PAYS DES HOMMES LIBRES ».**

L'UPR A DÉJÀ PRÉPARÉ VOS NOUVEAUX BILLETS EN FRANCS

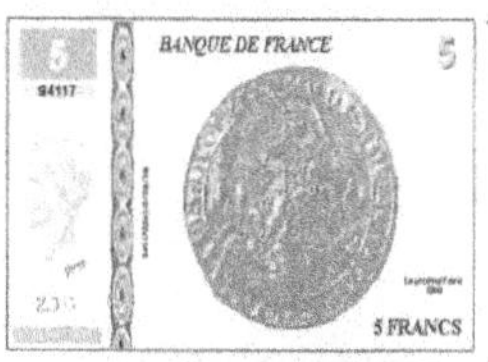

Le billet de 5 francs, couleur jaune d'or, représentera :

◄ au recto : le « Franc à cheval », frappé en 1360 pour payer la rançon du roi de France Jean le Bon, fait prisonnier par les Anglais. Ce premier « Franc » a un nom symbolique entre tous : il signifie le « Libre ».

► au verso : Jeanne d'Arc, héroïne de notre histoire, symbole d'indépendance de la France et de la capacité de sursaut du peuple français. Canonisée en 1920, Ste Jeanne d'Arc est aussi l'un des symboles préférés de **la droite française.**

Le billet de 10 francs, couleur terre, représentera deux symboles fondateurs de la République française :

◄ au recto : Rouget de Lisle chantant pour la première fois *La Marseillaise* en avril 1792 chez le baron de Dietrich, maire de Strasbourg (tableau d'Isidore Pils de 1849).

► au verso : Un Sans Culotte, Soldat de l'An II, vainqueur à Valmy le 20 septembre 1792 des troupes européennes coalisées. Cette victoire permit la proclamation de la République le lendemain.

Le billet de 20 francs, couleur rouge rubis, représentera deux des symboles préférés de la gauche française :

◄ au recto : Le député Léon Gambetta proclamant la République le 4 septembre 1870 après le désastre de Sedan. Chef de l'Union Républicaine, Gambetta contribua ensuite, par ses voyages en province et ses discours, à la pérennité de la IIIe République.

► au verso : Jean Jaurès, parlementaire socialiste, fondateur du journal *L'Humanité*, pacifiste et opposé au déclenchement de la Première Guerre mondiale, assassiné le 31 juillet 1914.

Le billet de 50 francs, couleur vert émeraude, représentera :

◄ au recto : les membres du réseau Manouchian, fusillés par les Allemands au Mont Valérien le 21 février 1944. Ils sont le symbole des étrangers, des communistes et des juifs morts pour que vive la France.

► au verso : Honoré d'Estienne d'Orves, fusillé au Mont Valérien le 29 août 1941. Officier de marine, catholique pratiquant, il est le symbole des Français de droite morts pour que vive la France.

Le billet de 100 francs, couleur bleu saphir, représentera :

◄ au recto : Charles de Gaulle au micro de la radio de Londres en juin 1940. Le chef de la France Libre, puis fondateur de la Ve République, est le symbole de la résistance de la France à tous les empires qui ont voulu la dominer.

► au verso : Félix Éboué, Gouverneur du Tchad, Compagnon de la Libération. Descendant d'esclaves installés en Guyane, il est le symbole des Français Noirs et des Africains qui ont combattu pour que vive la France.

Le billet de 200 francs, couleur améthyste, représentera :

◄ au recto : la statue de la République, inaugurée à Paris le 14 juillet 1883. Coiffée du bonnet phrygien, symbole de liberté, elle brandit un rameau d'olivier, symbole de paix, et sa main gauche repose sur les Droits de l'Homme.

► au verso : la statue du Génie de la Liberté, au sommet de la colonne de la Bastille. Commémorant la révolution de 1830, puis celle de 1848 et la fin de la monarchie, il symbolise la Liberté qui s'envole en brisant ses fers et semant la lumière.

CHAPITRE TROISIÈME

SORTIR DE L'OTAN

« Le débarquement du 6 juin, cela a été l'affaire des Anglo-Saxons, d'où la France a été exclue. Ils étaient bien décidés à s'installer en France comme en territoire ennemi ! Comme ils venaient de la faire en Italie et comme ils s'apprêtaient de le faire en Allemagne ! Ils avaient imprimé leur fausse monnaie, qui aurait eu corps forcé. Ils se seraient conduits en pays conquis.

C'est exactement ce qui se serait passé si je n'avais pas imposé, mes commissaires de la République, mes préfets, mes sous-préfets, mes comités de Libération ! Et vous voudriez que j'aille commémorer leur débarquement, alors qu'il était le prélude à une seconde occupation du pays ? Non, non, ne comptez pas sur moi ! Je veux bien que les choses se passent gracieusement, mais ma place n'est pas là !

Et puis, ça contribuerait à faire croire que, si nous avons été libérés, nous le devons qu'aux Américains. Cela reviendrait à tenir la Résistance pour nulle et non avenue. Notre défaitisme naturel n'a que trop tendance à adopter ces vues. Il ne faudrait pas y céder. Il faut commémorer la France et non les Anglo-Saxons ! »

CHARLES DE GAULLE

Qu'est-ce que l'OTAN ?

L'OTAN est un acronyme français traduit de l'anglo-américain NATO pour « North Atlantic Treaty Organization ».

L'OTAN (Organisation du Traité de l'Atlantique Nord) n'est pas un anglicisme contrairement à la prononciation qu'en faisait le Président Jacques Chirac avec Otan**e**.

Ce qui entre parenthèse définissait bien son caractère atlantiste et l'acceptation d'une Union européenne dominée par les Américains. Hélas, beaucoup de français le prononcent comme tel. C'est à la fois du fait d'un manque de culture générale, mais aussi du fait que leur esprit est bien imbibé de culture américaine.

L'OTAN, aussi dénommée « Alliance atlantique », est un traité signé, au départ, le 4 avril 1949 entre seulement 12 pays, à l'époque. A ce jour, l'OTAN toujours en expansion est constitué de 31 pays.

Depuis sa création, l'OTAN s'est orientée vers une intégration de plus en plus étendue.

Le général de Gaulle avait vu juste lorsqu'il en est sorti. Il ne pouvait accepter une évolution qui risquait d'entrainer la France dans des conflits qui n'étaient pas les siens, comme au Vietnam, par exemple. Afin de ne pas altérer l'esprit de défense originel, le général avait décidé d'en quitter le commandement intégré. Il ne voulait pas que l'OTAN se transforme en ingérence otanienne et souhaitait qu'on laisse les peuples disposer à leur façon de leur propre destin. Il en serait sorti carrément s'il n'existait pas, à l'époque, la menace du bloc soviétique.

Ce traité peut être considéré comme le début de la guerre froide entre USA et URSS.

La haine viscérale américaine contre les communistes a été à l'origine de ce traité, plus particulièrement, afin d'assurer la sécurité de l'Europe dite occidentale en instaurant un couplage fort avec les États-Unis, face à une éventuelle menace d'une expansion soviétique.

Il est à noter, qu'en réaction de ce traité, l'URSS et ses pays satellites ont signé seulement six ans plus tard, soit le 14 mai 1955, un « Traité d'amitié, de coopération et d'assistance mutuelle » dit « Pacte de Varsovie ».

Depuis la dissolution de l'URSS en 1991 entrainant la disparition du Pacte de Varsovie au 1er juillet de la même année, l'OTAN de nature défensive s'est transformée en nature offensive en souhaitant continuer d'exister.

L'OTAN a pris anormalement en compte de nombreuses crises comme les conflits nationalistes en ex-Yougoslavie, le terrorisme international, la découverte de pseudos-armes de destruction massive en pays pétrolier comme l'Irak, les guerres au Moyen Orient et bien d'autres conflits qui n'avaient rien à voir avec l'essence même du Traité.

Aujourd'hui, l'OTAN et l'Union Européenne ont manigancé une exclusion de la Russie de la sphère européenne dans son entier de l'Atlantique jusqu'à la chaine de montagne des monts Oural qui marquent traditionnellement la limite géographique entre l'Europe et l'Asie.

Etendue européenne trop importante aux yeux des Américains, il s'agissait coûte que coûte de la réduire afin de régler et liquider définitivement le compte de la Russie. C'est ainsi que nous avons désormais le conflit Ukraine - Russie commencé théoriquement le 22 avril 2022, mais dont l'origine est beaucoup plus lointaine.

En effet, l'OTAN s'embarque désormais dans des guerres à dessein impérialiste qui n'ont à rien à voir avec sa création originelle. **Par conséquent, affirmer que désormais l'Europe, c'est désormais la guerre et non plus la paix comme la propagande l'affirme depuis toujours est aujourd'hui une triste réalité.**

Ce qui est plus grave, ce sont les projets américano-otaniens qui projettent dans un futur proche d'intervenir sur la Province chinoise de Taïwan (anciennement « île de Formose » accordée à la République de Chine en 1945, à la suite de la défaite du Japon).

Il suffit pour cela de voir où sont implantées partout dans le monde les innombrables unités militaires américaines sous couvert « OTAN ».

Il n'existe plus de menace soviétique ni de guerre froide et la France n'a aucune raison de demeurer au sein de l'OTAN.

D'autant plus, que la France dispose de sa propre dissuasion nucléaire que désormais Macron lors d'un dîner royal avec le roi de Suède Carl XVI les 30 et 31 janvier 2024, s'est permis de dire que cette dissuasion était au service de l'UE, ceci sans consultation du Parlement ni encore moins du peuple français !

Si Macron connaissait son Histoire ou à minima un peu de savoirs géopolitiques, il saurait que dans les principes de base de la construction de l'OTAN, c'était une totale subordination au Commandement américain ainsi que d'empêcher, à l'époque, la RFA (République Fédérale d'Allemagne) de développer un programme militaire nucléaire.

La France a tout intérêt à retrouver l'estime internationale qu'elle a perdue grâce au plus mauvais Président de la République qu'elle ait eue : Macron !

La sortie de l'OTAN impliquerait de se retrouver comme pays non-aligné. C'est une politique de défense qui convient parfaitement à la France comme d'ailleurs le font la totalité des pays des BRICS +.

Redonnons à la France et à nos armées leur prestige d'antan ainsi que le titre qu'elle n'aurait jamais dû perdre : celui de ministère de la défense au lieu et place d'un ministère des armées résolument offensif. Il y en assez d'entendre des incompétents souffler à l'oreille des Français : « Nous sommes en guerre ».

Les drapeaux de l'OTAN et de l'UE possèdent deux caractéristiques identiques, ils ont tous les deux un fond bleu azur. Le premier avec une rose des vents en son centre et le second avec 12 étoiles dorées réunies en cercle (les mauvaises langues précisent ; étoiles jaunes pisse…et encore de plus mauvaises, de dire : « mon drapeau est bleu-blanc-rouge et je crache sur le drapeau bleu de l'UE »).

A force de privation de libertés, c'est comme ça que l'on transforme le Peuple en personnages haineux et révolutionnaires.

À quoi sert l'OTAN aujourd'hui ?

Au fil du temps, l'alliance atlantique est devenue de moins en moins européenne et ses objectifs deviennent « globaux », avec un leadership américain incontestable. La menace n'est plus clairement identifiée, allant du terrorisme aux intérêts politico-économiques.

L'OTAN et son Union Européenne imbriquée et asservie prépare la troisième guerre mondiale.

Son exercice militaire géant impliquant des manœuvres d'une ampleur inédite ont démarrées mi-janvier 2024 pour durer plusieurs mois. Ces manœuvres composées de 90 000 hommes, de 50 navires de guerre et 1 100 véhicules de combat des pays membres de l'Europe et des bases américaines déjà implantées en Europe, de l'Amérique du Nord s'étendent de l'Atlantique Nord-Est de l'Alliance.

Actuellement, elles manœuvrent en un véritable exercice de guerre contre un ennemi de la taille la Russie (les forces écarlates comme définies du temps de l'URSS).

Le budget français otanien rien que civil a coûté en 2023 à la France 371 millions d'euros. Sur le plan militaire : 2 milliards d'euros ont été dépensés.

La sortie de l'OTAN facilitée par une simple décision prévue dans ses contrats initiaux engendrerait d'importantes économies substantielles pour une nouvelle économie de Libération Nationale prévue dans le programme de l'UPR.

L'appartenance à l'OTAN implique de s'engager, de manière consciente ou non, dans des conflits armés non justifiés avec les souffrances, encore et encore, sur l'ensemble des citoyens français.

C'est une appartenance dangereuse à laquelle il faut s'en défaire au plus vite en se rapprochant éventuellement des BRICS + et de la Russie en particulier, objet du chapitre suivant.

Sortir de l'OTAN est l'acte le plus facile à effectuer.

Conformément à l'article 13 du Traité, un simple « avis de dénonciation » doit être adressé aux États-Unis et le retrait est effectif après une période d'une année.

Il est à noter que six partis politiques prônent le retrait de l'OTAN. Selon le classement officiel du ministère de l'intérieur, ils sont cités ci-après :

EXTREME GAUCHE ET PARTIS DE GAUCHE :

La France Insoumise (LFI) qui a déposé, en janvier 2022, une proposition de résolution à l'Assemblée nationale invitant le gouvernement à retirer la France de l'OTAN.

Parti Communiste (PC).

EXTREME DROITE ET UNION DES DROITES :

Rassemblement National (RN) ;
Debout La France (DLF) ;

Les Patriotes.

PARTI classé : DIVERS : L'Union Populaire Républicaine (UPR), ce parti classé au centre de l'échiquier politique français est le seul parti à proposer une Union des Gauches et des Droites (cf. chapitre 7).

Allons-nous vers une troisième guerre mondiale ?

Je suis absolument d'accord avec la citation de Vladimir Poutine quand il dit : *« L'Occident se comporte comme un empire qui veut faire marcher au pas ses vassaux »*.

Le danger, c'est que l'UE et l'OTAN représentent les deux faces d'une même pièce de monnaie, l'une civile et l'autre militaire ? Alors oui, il y a un gros risque si nous ne sortons pas de ce système !

Après l'euphorie étasunienne unipolaire jusqu'à l'effondrement de L'Union Soviétique en 1991, les Américains ont toujours voulu s'inscrire comme une hégémonie mondiale qu'ils veulent durable. Le mondialisme et l'impérialisme, liés aux dirigeants européens emmenés dans un phagocytage atlantiste, sont les stades suprêmes du capitalisme.

Les règles unilatérales définies par les US, demeurent dans la logique d'un capitalisme supra national. Ce capitalisme dominant se charge de maximiser les profits, appelés désormais « superprofits » au détriment des pays qui aspirent à se développer et suivre leur voie originale.

Les conflits actuels en sont la confirmation et bientôt, il faudra craindre la question taiwanaise dont on parlera, à coup sûr, dans les années à venir…

Le risque de guerre mondiale n'est jamais donc à occulter ni à exclure avec ses conséquences désastreuses pour notre Terre (comme aurait dit un ancien Président américain John Fitzgerald Kennedy) assassiné non pas par un seul homme, mais par un complot militaro-politico-mafieux.

Le centre de gravité de l'économie mondiale est en train de basculer avec un nouvel ordre mondial que sont l'émergence des BRICS + sur la scène internationale (chapitre 4).

Le but des occidentaux est de discréditer ces pays notamment sur le plan idéologique en mettant en avant leurs propagandes de pays soi-disant civilisés, des droits de l'homme bafoué dans leur propre Europe (toutes les libertés individuelles : liberté d'expression, presse écrite et verbale aux ordres des milliardaires, endoctrinement sanitaire, endoctrinement alimentaire, fichage « S » de personnes sans reproches aux casiers judiciaires vierges, emprisonnement d'hommes ou femmes exprimant leurs droits à la liberté et/ou au droit de manifester).

L'Europe n'a aucun droit à donner de leçons à ces pays ; pourtant, elle le fait !

Ces pays BRICS+ qui dérangent les occidentaux commence à exister avec une Chine en chef de file des neuf autres pays.

L'Occident se disant civilisé, autrefois colonisateur et maitre du monde, est toujours prompt à donner ses leçons au reste du monde et a beaucoup de mal à accepter ce nouveau rapport de force. Il s'emploie grâce à sa propagande médiatique, parfois exercée par les « non-dits » et la non-information à discréditer ce que certains appellent désormais : le « Sud Global ».

Pour maintenir sa domination, les USA ont causé de nombreuses guerres (une cinquantaine depuis 1945). Les dernières ont eu lieu en ex-Yougoslavie où Belgrade fut bombardée par les Américains, au Kosovo, Afghanistan, en Irak, en Lybie avec le soutien des européistes, atlantistes et otaniens.

Ces nombreuses guerres ont eu également pour dessein d'anéantir la totalité des Etats souverains du Moyen Orient qui s'opposaient de manière trop véhémente à l'hégémonie américaine. Avec la Syrie, il faut quand même constater que le bellicisme occidental s'est cassé les dents. Malgré les innombrables difficultés imposées à la Syrie, celle-ci a tout de même démontré sa solidité démontrant une défaite de l'impérialisme occidental sous hégémonie américaine.

Hélas ces guerres sont loin d'être terminées, car l'UE n'est pas la paix contrairement aux discours propagandistes qu'on a donné à avaler aux peuples européens.

Il s'agit du réarmement important de l'Allemagne avec des armes de guerre du complexe politico-militaire américain, du réarmement japonais dans les mêmes conditions ainsi que l'entrée de nouveaux pays dans l'OTAN telle que la Finlande d'une part, mais les blocus occidentaux sur l'Iran, l'Amérique latine dont le Venezuela en particulier et ; d'autre part, les autres fronts comme le conflit OTAN - UE - Ukraine versus la Russie.

Il faut également souligner que sur les pays d'Europe occidentale, l'Ukraine se classe comme le pays le plus corrompu, mais ça les médias, dans leur idéologie propagandiste ne vous en parleront jamais.

De même, ils ne vous citeront jamais les 14 000 sanctions infligées à la Russie qui pourtant saura surmonter les volontés destructrices de l'OTAN et de l'UE.

Ces sanctions ont toutes été infligées par les Américains et l'Europe occidentale ainsi que la Corée du Sud et le Japon.

Hormis ces deux derniers pays, on peut donc dire que la guerre de l'Ukraine - Russie constitue un conflit régional entre blancs de la Russie et blancs de l'Europe et blancs américains.

La Russie, condamnée par la totalité des mouvements politiques français, sauf par l'Union Populaire Républicaine boycottée par les médias mainstream, commence à redresser la tête avec un PIB en croissance de 3,6 % en 2023.

Par conséquent : il y a « échec total » pour l'Occident qui avait oublié que les Russes étaient les meilleurs joueurs d'échec au monde. La volonté occidentale d'affaiblir les Russes en optant pour une guerre fratricide entre Ukrainiens et Russes est une obsession assassine en envoyant encore et encore des milliards d'euros et des matériels de guerre à Volodimir Zelinski financé, bien sûr, par l'argent des contribuables européens et surtout français.

Mais « dormez braves gens ». Vous êtes dirigés par des ministres tellement compétents comme ce monsieur Bruno Lemaire (ex-LR), ancien ministre de l'agriculture qui ne savait pas convertir 10 hectares en mètres carrés, mais qui en qualité de ministre macronien désormais affirmait : *« On va ruiner l'économie russe »*.

Tout cela aujourd'hui se révèle comme un véritable fiasco pour l'UE et, hélas, pour la France et ce sont les citoyens Français qui « paient les pots cassés ».

Les politiques d'aujourd'hui, opposition comprise, sont des ineptocrates incompétents ayant également exclus de leurs cerveaux : la diplomatie !

Nous pouvons dire en première conclusion que l'Occident Global dirigé par les États-Unis d'Amérique sont allés de guerre en guerre grâce à leur complexe militaro-industriel, dénoncé par ailleurs, presque à titre testamentaire, par un Président américain vieillissant : Dwight Eisenhower.

Et pourtant, les US et ses alliés ont subi défaite sur défaite (une seule victoire anglo-saxonne, en 1982 : les îles Falkland, encore appelées îles Malouines, une île colonisée par les Britanniques).
Ces pays du reste du monde -comme ils disent- ont subi toutes ces guerres, mais finalement se sont redressés, je pense en particulier au Vietnam qui a su prodigieusement progressé à contrario de l'Algérie qui n'arrive jamais à grandir économiquement parlant. Pour ce pays, c'est toujours la faute de la France.

Le conflit occidental contre Vladimir Poutine qu'on a affublé de tous les noms, de tous les maux et de toutes les maladies a débouché sur un net rapprochement entre la Russie et la Chine.

« Pour la France et la Russie, être unis c'est être forts, être séparés c'est être en danger ». (Charles de Gaulle).

Le conflit Israël / Palestine est encore une fois une volonté d'un idéal mondialiste avec en prévision, un seul et unique gouvernement mondial.

Rajoutons qu'une guerre larvée avec Taïwan est en préparation pour les mois et années à venir. Autre exemple relatif à la rébellion de pays laissés pour compte : l'action des Houthis au Yémen qui bloquent les bateaux en mer Rouge obligeant ces derniers de faire un grand détour en passant par le Cap de Bonne Espérance au large de l'Afrique du Sud.

La situation en Afrique n'est guère mieux en particulier en Afrique francophone où Monsieur François Asselineau d'ailleurs, jouit d'une grande popularité auprès de nos frères africains.

A contrario, Macron, lui, y est totalement honni et détesté.

Monsieur Asselineau a toujours mis en lumière son amitié pour l'Afrique et la francophonie. Les Africains ne sont pas dupes. C'est inscrit noir sur blanc dans le programme présidentiel disponible sur upr.fr.

Aujourd'hui, abandonnés par les Français, les Africains se sont rapprochés de la Russie sur le plan sécuritaire ainsi que vers les Chinois sur le plan économique.

Alors, pour conclure ce paragraphe : allons-nous vers une troisième guerre mondiale ?

La cohésion des civilisations semble être l'aspect du verre à moitié plein, c'est à dire qu'elle représente le côté le plus optimiste pour l'éviter.

Cela pourrait conclure à un autre tournant du fonctionnement du monde : l'Arabie Saoudite, de confession musulmane sunnite, éternelle alliée des États-Unis d'Amérique se rapproche de l'Iran chiite sans compter que l'union des BRICS + s'accorde avec d'autres confessions : les chrétiens orthodoxes et catholiques, le Bouddhisme, le Taoïsme et le Confucianisme.

Concrètement, pour que cette nouvelle guerre mondiale ait lieu, il faudrait que les intérêts vitaux des pays et nations soient menacés.

Il faut quand même reconnaitre que les USA menacent les intérêts vitaux de la Russie et de la Chine du fait de l'implantation des unités militaires américaines et otaniennes implantées dans le monde.

Par conséquent, on peut en conclure qu'il est suicidaire de nos jours d'être atlantiste et européiste.

Si ce conflit mondial ne s'est pas encore déclenché, c'est parce que les pays menacés dont surtout la Chine et la Russie ont su avoir de la retenue, de la sagesse, de la patience et une analyse rationnelle des enjeux.

Si la dissuasion nucléaire se réalise c'est grâce à sa propre acceptation du mot « dissuasion », mais le jeune et inexpérimenté Macron n'a rien compris à ce mot puisqu'il a décidé lors de son discours en Suède les 30 et 31 janvier 2024, comme évoqué plus haut, de déléguer la dissuasion française à l'Europe.

J'évoque ci-dessous une lettre-type avec les fondements actuels, qu'avec mes amis nous avons adressée aux sénateurs et députés afin de cesser cette montée en puissance d'une guerre voulue par Macron et les européens.

Cette correspondance reproduite stricto sensu résume à elle seule la nécessité impérieuse de cesser les esprits de « va-t'en guerre » menés par le gouvernement actuel et ses opposants sauf dans une moindre mesure peut-être le parti communiste français.

DEBUT DE TEXTE :

« En 1991, la France sous Mitterrand avait demandé que l'OTAN, ce « machin » selon de Gaulle, ne s'étende pas à l'Est.

Mais Sarkozy partisan d'un nouvel ordre mondial sous influence américaine a proposé l'adhésion de l'Ukraine à 'OTAN malgré l'opposition des Russes. Hollande et Merckel dans les accords de Minsk en 2015 s'étaient portés garants de la clause refusant l'entrée de l'Ukraine dans l'OTAN.

Ils ont récemment avoué avoir signé ces accords sans intention de les faire respecter pour donner à l'Ukraine le temps de s'armer. Et les journalistes donnent encore la parole à ces personnes qui ne respectent pas la parole donnée.

Dans notre jeune temps, on criait "faites l'amour, pas la guerre » slogan de la révolte colorée de 1968 soufflée par la CIA.
Et depuis rien ne va plus, les pouvoirs successifs ont sacrifié les services publics, l'école, le système de santé, etc., et transformé les citoyens en bêtes à consommation passive, assistées et dépourvues de pensée autonome, "le pain et les jeux".

Le refus des résultats du référendum de 2005 par Sarkozy a achevé d'éloigner les Français de la politique.

Depuis quarante ans, les tenants de l'ordre du nouvel ordre mondial tentent d'imposer leurs fantasmes inexplicables, tuer le monde et l'humanité.

Les gens normaux sont unanimes : on marche sur la tête et on développe une société de mort…Sans famille, sans enfants, nos dirigeants rêvent d'une apocalypse qu'ils déclencheraient : un feu nucléaire qui aurait rendu jaloux Néron, lui-même !

Alors après la diffusion d'injections expérimentales à ARN scandaleusement présentées comme des vaccins, susceptibles de modifier le patrimoine génétique humain, après le sacrifice des vieillards et handicapés sous Rivotril, les morts qui se multiplient aux urgences lors d'attentes interminables, puis la glorification de l'avortement par son inscription dans la constitution, on passe à la volonté de légaliser l'euthanasie pourtant déjà largement répandue…La société de la mort vers laquelle nous emmènent nos dirigeants si on les laisse faire.

Il ne manquait que la guerre pour supprimer les survivants de ces attaques multiples. La guerre du rêve de Macron contre tous, y compris ses alliés européens et américains qui trouvent que cela dépasse leurs volontés. Tous les dirigeants ne sont tout de même pas Néron.

ALORS OUI, REFUSONS AVEC LA GRANDE MAJORITE DES FRANÇAIS D'ENTRER DANS UNE GUERRE AVEC LA RUSSIE !

LA GUERRE UKRAINE RUSSIE NE CONCERNE PAS les intérêts vitaux de la France.

NOUS RESPECTONS LA CULTURE RUSSE ET NE VOYONS AUCUNE PREUVE DE MENACES ALLEGUEES PAR LE CHEF DE L'ETAT.

Les USA ont implanté douze bases de la CIA en Ukraine depuis 2014.

Si nous envoyons des troupes au sol et si nous livrons des missiles longue portée dont la cible ne peut être que Moscou la guerre se rapprocherait et nous menacerait d'un holocauste nucléaire.

La guerre n'est ni inévitable ni utile.

Refusons une guerre qui ne nous concerne pas et œuvrons pour la paix.

La plupart d'entre nous n'ont pas connu les horreurs de la guerre et cela pourrait expliquer les déclarations très imprudentes d'un président trop jeune pour avoir connu celles-ci, ni d'ailleurs la pratique du service militaire.

J'ai vécu la période de la guerre d'Algérie et mes parents m'ont raconté leur expérience toute proche de la Seconde Guerre mondiale. Les privations, la faim, les deuils, et l'angoisse permanente du lendemain empêchant de se construire un avenir et les années de FFI de mon père au barrage de l'Aigle.

LA GUERRE N'EST PAS UN ROMAN NI UNE ABSTRACTION, MAIS L'HORREUR.

L'Ukraine ne fait partie ni de l'UE ni de l'OTAN et n'a jamais été notre alliée.

Lors de la Seconde Guerre, ceux qu'elle honore aujourd'hui comme les héros de son indépendance, comme Stephan Bandera, s'étaient enrôlés dans les troupes SS et ont largement participé aux massacres des juifs à Babi Yar et des Polonais en Volhynie.
La Russie a été notre alliée lors des deux guerres mondiales et, lors de la dernière, a permis la défaite des nazis qui lui a coûté des millions de morts.

L'Ukraine n'est pas le modèle de démocratie, de liberté, ni de transparence que les médias tentent de nous faire croire.

Selon l'ONG Transparency International, l'Ukraine reste l'un des pays les plus corrompus de l'Europe au 116ème rang sur 180 au niveau mondial.

La gravité de cette corruption constitue l'un des obstacles majeurs à sa demande d'intégrer l'UE. Le dernier épisode connu, révélé le 21 janvier 2024 par l'hebdomadaire Zerkalo Nedeli, concernait la surfacturation massive de produits alimentaires destinés à l'armée à travers une société-écran, l'escroquerie atteindrait la somme de 330 millions de dollars.

Le conflit Russie - Ukraine ne nous ne concerne pas même si notre compassion pour les peuples russe et ukrainien nous incite à tout faire pour que les combats cessent le plus vite possible.

Le droit des peuples à disposer d'eux-mêmes est aujourd'hui considéré comme l'un des droits les plus fondamentaux dans l'ordre juridique international.

Dans la Charte des Nations Unies, chapitre 1, article 1, alinéa 2, il est dit :

''Les buts des Nations Unies sont les suivants : Maintenir la paix et la sécurité internationales et à cette fin...Développer entre les nations des relations amicales fondées sur le respect du principe de l'égalité de droits des peuples et de leur droit à disposer d'eux-mêmes, et prendre toutes autres mesures propres à consolider la paix du monde...''

L'intégralité territoriale d'un Etat repose sur le désir des gens de vivre dans ce même Etat. C'est en application de ce principe que le Kosovo a été séparé de la Serbie alors qu'il constituait pour la majorité des Serbes le cœur historique de leur nation.

La résistance opiniâtre qu'opposent les populations russophones du Donbass à la violence militaire que déploie l'Ukraine pour leur imposer son contrôle montre clairement que leur volonté n'est pas de vivre sous le joug du gouvernement de Kiev.

L'application de la charte onusienne justifierait des référendums sous contrôle international, mais l'Ukraine l'a toujours refusé. Réclamons l'application du droit des peuples de Crimée et du Donbass à disposer d'eux-mêmes selon la charte de l'ONU.

Nous aurions dû tout faire pour éviter de nous impliquer dans cette guerre et nous devons tout faire pour qu'elle s'arrête le plus vite possible.
Pour aider les peuples ukrainien et russe, nous aurions dû rester neutres et nous conduire comme un intermédiaire de paix comme nous l'avons fait avec succès lors de la guerre Russie – Géorgie de 2008.

Les accords de Minsk du 5 septembre 2014 (Minsk 1) puis du 11 février 2015 (Minsk 2) constituaient une solution crédible pour un règlement pacifique de la guerre dans le Donbass. **NOUS AURIONS DÛ LES FAIRE RESPECTER.**

Ils prévoyaient : la décentralisation du pouvoir en Ukraine par un amendement à sa Constitution avec l'adoption par l'Ukraine d'un statu spécial de certaines parties des régions de Donetsk et Lougansk leur accordant la liberté linguistique, le droit, pour les autorités locales des ORDLO, de nommer procureurs et juges, de constituer des "unités de police du peuple", et d'avoir une "coopération transfrontières" avec des districts de la Fédération de Russie".

La France, l'Allemagne et l'OSCE qui ont supervisé les négociations de Minsk en étaient les garants, mais ils n'ont pas incité l'Ukraine à appliquer les accords, tandis que les USA la poussaient à l'intransigeance conduisant inéluctablement à la reprise de la guerre.

A juste titre le colonel de réserve de l'Armée Suisse faisait observer : ''Si la France avait fait son travail, il n'y aurait pas eu de guerre''.

La politique pro Zelenski de Macron nous a déjà coûté trop cher. Cette politique va-t-en-guerre de nos dirigeants, loin de favoriser la paix, prolonge inutilement la guerre et les souffrances des belligérants et a participé à ruiner la France et les Français.

Ruine de nos entreprises en Russie : fin 2021, la France et la Russie avaient affiché un volume d'échanges économiques supérieur à ce qu'il était avant l'introduction des sanctions en 2014. Parmi ses concurrents européens, la France, premier employeur étranger en Russie se distinguait comme étant la seule des pays concurrents à enregistrer, une balance commerciale excédentaire avec la Russie. Le retrait de Russie décidé par la Commission européenne de Bruxelles a entraîné pour toutes les entreprises françaises la perte sèche de leurs investissements. Ainsi Renault a reçu un rouble pour la vente de ses 2,2 milliards d'euros d'actifs. La perte des investissements, des activités en Russie et des bénéfices futurs a aggravé le déficit commercial de notre balance commerciale.

Appauvrissement des Français : la prolongation des sanctions de l'UE a déjà entraîné aux Français des privations considérables, forte inflation, augmentation du prix des énergies, destruction de notre agriculture par les importations ukrainiennes de blé et de poulets, milliards d'euros magiques envoyés en Ukraine…

Et maintenant, Macron voudrait nous imposer l'impôt du sang en envoyant enfants et petits-enfants combattre pour un conflit de frontière qui ne nous concerne pas !

Les déclarations récentes de Macron isolent la France mettant en danger nos soldats et les futurs conscrits. Lors de la conférence de soutien à l'Ukraine, il a évoqué la possibilité d'envoyer des troupes au sol en Ukraine et a fait voter au Parlement une loi de programmation militaire prévoyant de terribles sanctions pour ceux qui n'obéiraient pas.

La folie macronienne a été de dire à cette occasion : ''Nous ferons tout ce qu'il faut pour que la Russie ne puisse pas gagner cette guerre'' et ''Rien ne doit être exclu…tout est possible si c'est utile pour atteindre notre objectif''.

Etat des lieux : dans le cas de la France, les forces opérationnelles immédiatement mobilisables, celles de l'armée de terre comprennent 130 000 hommes et femmes dont plus de 25 000 réservistes globalement très mal armés. Il faudra à Macron recourir à une mobilisation générale faisant appel à la conscription qui ignore le maniement des armes depuis la suppression du service militaire. Face aux soldats russes et aguerris, ce sera un vrai carnage.

Mais Macron a tout prévu : l'arme nucléaire ! Il disait en novembre 2022 : ''Aujourd'hui plus encore qu'hier, les intérêts vitaux de la France ont une dimension européenne. Nos forces nucléaires contribuent donc par leur existence propre à la sécurité de la France ET de l'Europe ! »

FIN DE TEXTE

Cette idée de lettre-type a été rédigée de manière magistrale par le docteur Nicole Delépine. Cette missive pourrait presque à elle seule résumer ce livre tant les idées maîtresses sont sous-entendues, à savoir :

- Quitter l'UE va-t'en guerre.
- Retrouver notre franc français grâce notre Libération Nationale.
- Sortir de l'OTAN et ne faire que des alliances grâce aux traités internationaux à créer.

Cette missive adressée aux Parlementaires a été mis au panier.

DEUXIÈME PARTIE

VERS UN NOUVEL ORDRE MONDIAL

« Ce qu'il faut surtout pour la paix, c'est la compréhension des peuples. Les régimes, nous savons ce que c'est : des choses qui passent. Mais les peuples ne passent pas. »

CHARLES DE GAULLE

CHAPITRE 4

SE RAPPROCHER DES BRICS +

« Il est de l'intérêt de la France d'avoir de bons rapports avec la Russie. Cela a toujours été une bonne période de notre Histoire, quand la France était en étroite relation avec les Russes ».
CHARLES DE GAULLE

« L'Europe est la tête de pont géostratégique fondamentale de l'Amérique (...) Pour le dire sans détour, l'Europe de l'Ouest reste dans une large mesure un protectorat américain est ses Etats rappellent ce qu'étaient jadis les vassaux et les tributaires des anciens empires. »
(Zbigniew Brzezinski dans Le Grand Echiquier)

Avant d'entamer la rédaction de ce chapitre, je voudrai « faire toucher du doigt » mes amis lecteurs de deux variantes d'approche du monde oriental et occidental en évoquant deux jeux de société culturellement différents qui expriment les différences de culture et de philosophie.

Pour ce faire, je vais vous évoquer ci-après deux jeux différents.

D'une part, le jeu de go et d'autre part, le jeu des échecs.

Le jeu de go est un jeu de stratégie d'origine chinoise. Il oppose deux adversaires qui placent à tour de rôle des pierres respectivement noires et blanches sur les intersections d'un tablier quadrillé appelé « goban ». La valeur philosophique de ce jeu vous montre comment répondre de manière défensive à des attaques offensives ennemies.

Et de manière géopolitiquement plus concrète, c'est là que l'on peut comparer le modèle américano-otanien « offensif » avec toutes ses centaines d'implantation militaires face une Chine dont les valeurs sont prioritairement « défensives ».

A contrario du jeu de go qui consiste à faires prisonnières les pierres du camp adverse afin de les empêcher de continuer leur action belliciste et offensive, « Les Echecs » sont quant à eux un jeu de société de type « jeu de guerre ».

Il s'agit, en effet de tuer l'adversaire pour gagner la partie où l'on dit en fin de partie « Echec et Mat » signifiant « Le Roi est Mort ». A ce jeu, les Russes ont bien été souvent supérieurs (rappelez-vous de Karpov et de Kasparov mais aujourd'hui, le quotient intellectuel s'est plutôt déplacé vers la Chine puisque c'est le Chinois Ding Liren qui est champion du monde).

Si j'évoque ces deux jeux différents, c'est bien pour vous montrer que le monde occidental belliciste et offensif dans tous les domaines que ce soit, doit cesser de se sentir comme la race supérieure de notre planète « Terre ». Ce n'est pourtant pas le cas puisque le « Grand Echiquier » de Brezinski place le monde entier sur une table d'échecs.

Que sont les BRICS +

On pourrait citer une énième citation du général de Gaulle sur ce nouvel ordre mondial qui est à nos portes : *« Le monde est grand et la France a un grand rôle à jouer »* corroborant mon idée de se rapprocher des BRICS +.
Depuis plusieurs siècles, l'Occident donne la bonne note de musique (le « LA ») qu'il s'agit d'utiliser dans tous les domaines.

C'est l'Occident qui dit où est le bien, où est le mal et ne parle jamais du réel.

L'Occident d'aujourd'hui ne possède plus les moyens de son dogmatisme. A un moment donné, l'Occident, à travers la colonisation britannique et française a dû lâcher du lest en pratiquant une décolonisation soit octroyée soit par la force.

Toutefois, les élites occidentales continuent de se comporter comme si elles avaient toujours la maitrise du monde en dépit du « reste du monde ».

Ce qu'on appelle « le reste du monde » qui est à mon sens une appellation dépréciative, est le fruit de ces pays émergeants méprisés par l'idéologie mondialiste, mais qui ne se révèlent pas comme des peuples idiots contrairement au mépris du Président Macron à leurs égards, par exemple…

Ces peuples savent, ont observé, ont analysé, ont constaté les incohérences de l'Occident en train de devenir décadent. Ces peuples ont parfaitement analysé le jeu des occidentaux et savent qu'il ne faut pas leur faire confiance.

Les récents conflits Ukraine/Russie et Israël/Palestine ont été les derniers éléments de constat d'un Occident foncièrement mondialiste. D'ailleurs, l'Afrique du Sud a démontré avec courage et lucidité pour dénoncer devant l'ONU qu'il n'existait pas qu'une seule règle pour l'hémisphère nord.

Mais les Africains du Sud sont épris de libertés, car ils ont connu l'Apartheid et savent ce qu'il faut faire pour vivre en harmonie.

Les BRICS sont un acronyme signifiant : **B**razil - **R**ussia - **I**ndia - **C**hina - **S**outh Africa.

Le + correspond à cinq autres pays qui s'y sont rajoutés au 1er janvier 2024, à savoir :

Egypt - Ethiopia - Iran - Saoudi Arabia et United Arab Emirates.

L'acronyme BRIC pour Brésil, Russie, Chine et Inde a été inventé en 2001 par un financier de la Banque américaine Goldman Sachs qui a constaté que les marchés financiers émergeants de ces pays possédaient des caractéristiques relativement similaires.

Cela aurait pu en rester là, mais en 2003 - 2004, les dirigeants de ces pays se sont dit qu'il n'y avait pas seulement que leurs marchés financiers qui étaient intéressants et convergents puisque déjà Russes et Chinois avaient constitué une organisation de coopération de Shangaï très largement centrée sur les questions de sécurité tant au sens strict du terme qu'à la fois sur le plan sécurité économique d'où une alliance de ces quatre pays.

La crise financière internationale entre 2008 et 2011, du fait des Américains, montrant leur incapacité à gérer le monde dollarisé et devenant, de facto, un facteur de troubles du monde financier ainsi que du monde commercial aboutira le 16 juin 2009 au 1er sommet des BRIC à Iekaterinbourg en Russie.

De cette date à 2022-2023, ce sera le renforcement de ces BRIC avec l'arrivée notamment de l'Afrique du Sud où existaient, déjà des investissements russes et chinois, mais aussi, ne l'oublions pas, des rapports historiques entre ce pays et l'Inde où Ghandi y avait fait ses premières armes en tant qu'avocat afin de lutter contre la ségrégation raciale des colonisateurs Britanniques

L'intégration de ces pays aux BRICS a été le fruit d'un autre sommet à Johannesburg à l'été 2023 où étaient enregistré vingt et une demande d'adhésion.

Il est à noter que sous l'impulsion de la Chine, l'Arabie Saoudite et l'Iran, en conflit depuis plus d'une quinzaine d'années sont entrés dans cette association de manière simultanée.

De fait, les BRICS + arrivent à contrôler une grande partie du marché du pétrole, la Russie étant 2e exportateur de l'or noir, l'Arabie Saoudite, première exportatrice de pétrole, puis l'Iran et les Emirats Arabes Unis.

Quant à l'Egypte, elle revient avec une forme d'alliance avec la Russie qui doit remettre à niveau la totalité du système ferroviaire égyptien.

Pour l'Ethiopie très liée à la Chine, rare pays chrétien de l'Afrique de l'Est, ce pays, avec comme indiqué dans le tableau en fin de chapitre, bénéficie d'une très forte croissance et d'un très grand développement.

L'Argentine était prévue d'intégrer ces dix pays au 1er janvier 2024, mais au dernier moment, son Président d'extrême droite Javier Milei, fraichement élu le 23 novembre 2023, en a voulu autrement.

Fervent atlantiste et américanophile, il souhaite par ailleurs remplacer le peso argentin par le dollar américain. Nul doute que le peuple argentin ne se réveille de cette imposture politique voulue par l'ingérence et la volonté des États-Unis d'Amérique.

Le premier sommet des BRICS portait déjà l'idée de réformer le système monétaire et financier international. Plus tard, la Chine et la Russie, se positionnant davantage en pays « révisionnistes » de l'ordre libéral international, ont affirmé qu'il fallait désormais adapter les règles du jeu aux nouveaux rapports de forces internationaux.

Les BRICS + sont également une réponse face à l'Occident offensif sur tous les plans : économique, sociétal, moral, militaires dont le monopole s'est étendu à toutes les organisations internationales : ONU, FMI, OMC, OCDE, dollar supranational…

Les BRICS +, qui se trouvent de fait en réaction face à la crise internationale se posent les bonnes questions : « *Vous les Américains, vous les Occidentaux, vous les Européens, vous n'avez pas été capables de gérer le monde financier que vous avez créé, vous êtes irresponsables…quand on créé un monde et que l'on est dominant dans les organisations internationales, ça implique un certain niveau de responsabilité, non ?* ».

Par ailleurs, ces pays se sont rendu compte que les États-Unis utilisaient le dollar comme arme politique où toutes sociétés qui utilisent le dollar dans ses transactions et qui n'appliquent pas « les » décisions américaines peuvent être sanctionnées.

C'est ce qu'on appelle le rôle extraterritorial du dollar, sans compter le rôle des agences de notation, ces grandes institutions privées financières internationales surestiment systématiquement la valeur des obligations américaines et globalement occidentales et sous-estiment la valeur des obligations des pays en voie de développement ou des pays émergeant.

Par conséquent, eu égard aux traitrises occidentales susvisées, les BRICS + envisagent de créer leurs propres agences de cotation et de notation. D'ailleurs, plusieurs agences ont commencé d'exister : chinoises, russes, indiennes.

En première conclusion, on peut d'ores et déjà affirmer que le monde de demain ne sera plus jamais le même avec les BRICS +, car cette rupture ou fragmentation du marché global financier où en combinant les deux, nous avons d'une part, une remise en cause d'un monde financier régi par le dollar et ; d'autre part, la remise en cause des agences de notation américano-occidentales.

Pour expliquer comment la montée en puissance et la concrétisation des BRICS+, je dois faire un petit retour en arrière dans notre passé.

Ainsi, le Moyen Orient du fait de son pétrole a toujours fait partie des grands appétits de l'Oncle Sam puisqu'au premier choc pétrolier mondial de 1973, les États-Unis avaient fait pression sur l'Arabie Saoudite, premier producteur mondial, afin que ce pays continue de libeller le pétrole en dollar.

En contrepartie de cet accord, l'Arabie Saoudite a obtenu la garantie d'un soutien militaire pour lui assurer une sécurité.

Finalement, le dollar est prévu être remplacé, à terme, par les BRICS +, grâce à une autre monnaie de transaction, ce qui n'est pas encore le cas aujourd'hui. Cependant l'utilisation des monnaies nationales sera privilégiée et utilisée comme la roupie, le yuan, le rouble, les monnaies nationales d'Asie centrale, etc.

D'où l'importance de retrouver Notre Franc Français évoqué au chapitre 2 dans le cadre de la sortie de l'euro.

La volonté des BRICS+ de créer une nouvelle monnaie de réserve afin de réduire leur dépendance à l'égard du dollar américain constitue une rébellion envers l'hégémonie américaine.
Déjà, lorsque le dollar s'était fortement déprécié en 1976 et 1978, les pays du Golfe avaient un moment considéré l'opportunité de libeller le pétrole dans une autre monnaie que le dollar, mais cette velléité s'est estompée en 1979 consécutif à une remontée du dollar.

Le poids des BRICS+ est de plus en plus important à la fois sur l'économie mondiale, leur PIB allant sans cesse crescendo ainsi que leur population qui ne cesse d'augmenter. Il est très probable qu'au prochain sommet des BRICS + prévu à l'été 2024 en Russie, d'autres pays adhèrent aux BRICS + : l'Algérie est demanderesse par exemple.

On se rend compte que les BRICS + sont dans une logique d'expansion sur le plan international avec certainement des vagues successives d'adhésion dans les années qui suivent.

Il est donc important pour la France de ne pas exclure ces pays de leur pensée géopolitique et diplomatique, car il faut bien reconnaitre que notre pays est dans un déclin incroyable perdant des places au classement dans tous les domaines.

A titre d'exemple, concernant l'Indonésie, il est intéressant de parler de ce pays disposant de la plus grande population musulmane du monde où dans notre pays on s'échine à ne parler qu'Islam et immigration, en aveuglant les Français et de dire c'est le problème majeur de la France. Ce que dit Éric Zemmour accompagnée de sa colistière Marion Marechal, en proclamant que l'Islam est notre ennemie, est purement suicidaire.

L'Indonésie est passée tout bonnement devant la France en niveau de vie. Il n'y a que les occidentaux pour croire qu'il fallait diminuer et affaiblir la Russie.

D'ailleurs, hormis les USA et l'Europe occidentale, la totalité des autres pays du monde y sont fermement opposés et se sont exprimés lors des réunions de l'ONU. Nous voyons donc bien l'énorme décalage existant.

Les pays émergeants grands et moins grands, sont l'avenir du monde. Ces pays soi-disant émergeants ne veulent plus obéir à l'Occident qui gouverne le monde depuis 1492 où les valeurs n'ont aucune valeur en dehors de l'Europe.

Notre monde a cru imposer ses valeurs en colonisant ces pays, mais nous n'étions en fait que des colonisateurs temporaires.

Le monde Occidental a exploité le monde sans vergogne depuis des centaines d'années où aujourd'hui les Américains sont en extrême difficulté avec 30 000 milliards de dollars de dettes ; quant à l'Europe n'en parlons pas.

Comment dans ce cas imposer les règles occidentales à cet autre monde émergeant ? De quel droit devrions-nous leur donner des leçons ?

Quand les européens parlent de ces pays émergeants, ils en parlent avec une vision condescendante qui est dramatique par rapport à la réalité et qui fait que nous ne sommes pas aimés dans ces pays, car ils sentent bien que ces européens les prennent pour moins que rien.

On l'a vu avec Macron qui a manqué de respect au Président béninois quittant une conférence devant son propre public suggérant que celui-ci était parti pour aller réparer la climatisation. Le suffisant Macron qui n'avait jamais mis les pieds en Afrique s'inscrivait en donneur de leçons.

Moi, qui ait vécu en Afrique, j'ai perçu cela comme une grave insulte. Du coup, le grand seigneur Macron a décidé de faire fi de la diplomatie.
L'Inde et son premier ministre s'efforce d'effacer et supprimer les symboles persistants de la colonisation britannique ; à commencer par le nom du pays qui pourrait reprendre son ancien nom historique pour devenir « Bahrat ».

Les dépravations permanentes de l'Occident telles que mettre ses parents ou grands-parents dans des mouroirs tels qu'EHPAD, appliquer et inscrire dans les constitutions le droit au refus de la vie comme l'avortement ou l'euthanasie, le wokisme, le transgenre ne sont pas du tout de de l'avis de nouveau monde où l'Occident les critique de dictature.

En Chine, les vieux et les anciens sont respectés et restent à domicile pour s'occuper de leurs petits-enfants en leur transmettant leurs savoirs-faire et connaissances. Ce n'est pas par hasard que les quotients intellectuels (QI) ont basculé en faveur de l'Asie au détriment des européens occidentaux. Ce sont pourtant toujours ces derniers à donner des leçons de morale en disant que la Chine est une dictature.

Nous sommes donc bien dans une révolution mondiale dont on n'a pas fini d'en entendre parler avec des pays qui se développent beaucoup plus vite que nous, avec une motivation formidable, car leurs jeunes générations veulent y arriver.

Les déclarations du Président Brésilien Lula da Silva disant qu'il restait ami des Russes en les soutenant contre l'avis de l'Europe et des Américains sont un autre fait du genre.

Mais les médias ne vous en parleront jamais ! Sauf si à notre niveau de citoyen français nous changions totalement et radicalement de logiciel politique en allant voter le 9 juin prochain pour un parti qui propose cette révolution nationale afin de gagner les présidentielles de 2027.

Un seul parti propose ce changement : l'Union Populaire Républicaine où son Président, François Asselineau, est unanimement apprécié dans le monde de la francophonie en particulier en Afrique.

Concernant le Maroc où de très nombreux Marocains comprennent le français, il tire avec magnificence son épingle du jeu alors qu'il ne dispose pas de richesses extraordinaires comme sa voisine l'Algérie en attirant de nombreux investisseurs pour faire des usines chez eux.

Par ailleurs, les Marocains ont su développer un système de banques optimales. Le monde change…

C'est quand même mieux que la formule macronienne « Nous sommes en guerre » délibérément voulue pour intoxiquer les esprits français. Non ?

Dans ce monde qui change, il existe des opportunités phénoménales et je pense que dire cela est beaucoup mieux en termes d'ouverture d'esprit plutôt que les éternels reproches tournés sur la haine de l'autre et des arabes et l'Islam, en particulier, proférée par les partis de l'union des droites.

L'avenir donnera raison aux BRICS +, en particulier sur la mise en lumière de la doxa américano-européenne à travers le conflit USA-OTAN-UE-Ukraine face à la Russie où il s'est agi d'annihiler la Russie en particulier en l'empêchant d'accéder au réseau SWIFT, arme financière de destruction massive.

A ce titre, les BRICS + ont bien enregistré le message émanant des États-Unis d'Amérique et celle de l'Europe. Pour la France, se rapprocher des BRICS + demeure une question centrale. Les premiers à prendre le train en marche au même titre que la sortie de l'Union Européenne seront les mieux lotis.

Développer ses échanges économiques avec les BRICS + constituerait inévitablement un intérêt supérieur qui pour aurait pour effet un redressement à tous les niveaux après dix années de mandature macronienne où la France sera au plus bas en 2027.

Nous avons des atouts à faire valoir auprès des BRICS +. Notre dissuasion nucléaire et nos ingénieurs Français et leurs savoirs peuvent constituer un atout considérable dans ce sens.

L'Afrique francophone en est un autre. La frontière de 730 km entre La Guyane et le Brésil en est un troisième.

Certaines entités de la France d'Outre-mer (exemples : La Réunion, Mayotte situés dans l'Océan Indien où les BRICS+ ont de nombreuses ambitions) constituent également d'autres atouts ainsi que l'espace maritime français (le deuxième du monde).

On se rend compte que contrairement à Macron qui ne se voit uniquement comme Président des États-Unis d'Europe Souveraine, car il a déjà fait son choix « être un Européen vivant plutôt qu' un Français mort » comme l'avaient fait avant lui certains Français du régime de Vichy : « être un allemand vivant plutôt qu'un Français mort », qu'il existe de multiples autres ressources pour refaire Vivre la France (au passage, Monsieur Asselineau les défend dans ses innombrables conférences rappelées en fin d'ouvrage).

Il faut également noter que certains conseillers politiques de Monsieur Macron lui avaient demandé d'assister au sommet de 2023 des BRICS de Johannesbourg. Emmanuel Macron a voulu s'imposer sans tact ni diplomatie, comme à son habitude, sans aucune habileté et la réponse qui lui fût donnée a été : NIET !

La solution pour un rapprochement vers les BRICS + ne pourra passer que dans une ère post-Macron, soit après 2027.

Les BRICS sans les cinq autres pays qui l'ont rejoint au 1er janvier 2024, ont eu en 2023, un PIB de 31,5 % contre 30,7 % pour les pays du G7.

Les raisons de se rapprocher des BRICS +

Contrairement aux décennies et aux siècles passés, l'Occident domine le monde (en arabe, Occident se dit pour mémoire « Maghreb »).

Avant 1991, c'était relativement simple, il y avait une guerre froide où deux camps s'opposaient, d'une part les États-Unis d'Amérique et ses alliés occidentaux et ; d'autre part, le communisme avec l'URSS et la Chine.

Après l'effondrement du bloc soviétique, les USA créent un ordre nouveau en profitant du délabrement de l'économie soviétique où misères et souffrances du peuple Russe se sont côtoyées.

Lorsque Vladimir Poutine est arrivé au pouvoir, il a restitué fierté et dignité au peuple russe devenant ainsi un Président très populaire qui laissera une trace indélébile dans l'Histoire de son pays et de celui du monde entier mais c'est le « Méchant » selon les Occidentaux comme au temps des westerns américains où les bons possédaient un chapeau blanc et les méchants arboraient un chapeau noir…

Pendant les sept-huit premières années de gouvernance, Poutine n'aura de cesse de réclamer d'être rattaché à l'Europe.

Mais l'idéologie américaine résumée dans le livre « Le grand échiquier » de Zbigniew Brezinski que j'appelle le « Mein Kampf » américain puisque tout ce qui est écrit sont les prévisions de l'ordre mondial où il est dit que si les États-Unis d'Amérique souhaitent demeurer le numéro 1 mondial, il leur faudra respecter trois choses :

- Toute l'Europe continentale ne doit jamais s'unir ;
- Surveiller les Chinois de près ;
- Affaiblir au maximum la Russie.

Par ailleurs, il faut définir ce qu'est le mondialisme qui diffère de la mondialisation qui va de soi puisqu'elle est la résultante du développement des techniques de transport, de communications et contacts internationaux.

En revanche, le mondialisme est une idéologie véhiculée par les grands milliardaires qui souhaitent que les nations, les frontières, les gouvernements nationaux soient appelés à s'effacer derrière un gouvernement mondial défendu en France par Jacques Attali -et son maitre d'œuvre : Emmanuel Macron- complice, en particulier, des promoteurs du Groupe Bilderberg au premier rang duquel figure David Rockfeller, président directeur général de Chase Manhattan Bank qui a fusionné avec JP Morgan.

En résumé, le mondialisme est une société sans normes morales, sociales aux intérêts économiques des multinationales souhaitant faire exploser les frontières et la presse évite d'évoquer de mot « frontière » en le diabolisant.

Les raisons de se rapprocher passent d'abord par la sortie du triptyque UE/EURO/OTAN où lorsque nous arriverons à cette étape, j'espère en 2027, nous trouverons malheureusement une France en lambeaux.

Faire des alliances et des traités internationaux avec les BRICS+, constituerait à mon sens un atout pour redresser une France devenue moribonde.

Les BRICS ne sont pas des pays émergeants comme les autres, ce sont aussi des puissances culturelles et militaires.

Par voie de conséquence, ces caractéristiques invitent donc à penser à un nouveau monde multipolaire bousculant l'hégémonie d'une idéologie d'un mondialisme avec un seul gouvernement voulu par l'État de droit, les Américains et à ceux qui y sont inféodés.

De fait, les BRICS + alimentent un discours contre l'impérialisme américain et de ses assujettis dans l'Union Européenne qui résonne agréablement aux oreilles des dirigeants des pays du Sud.

Nous sommes en train de vivre une bascule énorme entre un monde qui a été dominé par l'Occident composé des Américains, Britanniques et de l'Europe de l'Ouest, tous trois colonisateurs depuis un demi millénaire. Ce trio a imposé au reste du monde « **sa** » vision des choses.

Pour faire face à cette vision unilatérale du monde, quatre pays : les BRICS + commencent à imposer un monde nouveau surtout avec l'entrée de différents pays avec différentes civilisations et religions telles que le Christianisme catholique et orthodoxe, l'Islam sunnite et chiite, l'Indouisme, le Bouddhisme, le Taoïsme…

Bref, des civilisations différentes battant en brèche le choc des civilisations propagandé par un cowboy américain du nom de Samuel Huntington, relayé par des partis d'extrême droite française, toujours en mal de l'immigration, de l'islam et des arabes en particulier.

(Je sais, je me répète, mais quand on entraine une équipe de foot c'est toujours en répétant maintes et maintes fois que l'on fait progresser les joueurs).

Ce monde nouveau bien supérieur au G7 en termes de Produit Intérieur Brut (PIB) représentent pour les BRICS (sans compter les pays intégrés en janvier 2024) : 32,1 % du PIB mondial, à parité de pouvoir d'achat contre 29,9% du G7 composé du Canada, des États-Unis, de la France, de l'Italie, du Japon et du Royaume Uni.

En outre, les BRICS représentent 80% de la production énergétique mondiale avec une population de 7 milliards contre 700 millions.

Pour s'adapter à ce nouveau monde, il n'a jamais été aussi urgent de sortir de l'UE, de l'Euro et de l'OTAN ! Le dollar et l'euro ont fait leur temps.

D'un côté, d'une part, le dollar perd sa monnaie de référence du fait désormais d'une dédollarisation qui amène la fin de l'ère de l'impérialisme américain. Déjà, on peut d'ores et déjà constater que parmi les cinq premières banques, les quatre premières sont chinoises et la cinquième américaine : JP Morgan.

L'Amérique a dominé le monde grâce à son dollar et à son hyperpuissance militaire planétaire : 800 millions de dollars dans son budget militaire « offensif » contre 200 milliards de dollars pour un budget militaire « défensif » chinois. De plus, l'énormité de la dette exorbitante américaine de 30 000 milliards de dollars financée et épongée grâce à la suprématie du Dieu « dollar » concourt à un nouvel ordre mondial.

De l'autre côté, d'autre part ; comme évoqué au chapitre 2, l'euro n'est pas une monnaie commune, mais une monnaie unique. La différence est énorme et le fonctionnement de la planche à billets permanente par Bruxelles verra les pays de l'Europe relégués à des pays devenus subitement « émergeant ! La France a déjà commencé en entrer dans ce cycle infernal.

Comme disait de Gaulle ; « Un pays n'a pas d'amis ; il n'existe que des alliances » et cela se voit et se caractérise par le fonctionnement des pays européens qui achètent leur système d'armes et leur aéronautique aux américains : aucune cohésion ni cohérence ni harmonie ni solidarité des pays européens entre eux.

Dans ce cas-là, pourquoi rester dans l'UE ?

Bruxelles et ses fonctionnaires ne sont qu'une chambre d'enregistrement de l'argent encaissé par les 27 pays européens pour les redistribués ayant pour objet de détruire les nations elles-mêmes ayant perdu leur souveraineté.

Nous avons un Président de la République totalement fou qui se met maintenant à brader notre dissuasion nucléaire sans aucun avis parlementaire ni avis des Français. Cela ne lui a pas suffi de dire qu'il n'y avait pas de culture française, cela ne lui a pas suffi de perdre volontairement les fleurons de l'industrie française tels que : Alstom, Alcatel, Lafarge, Essilor sans parler des interdictions américaines de vendre des avions Rafale à l'Egypte parce qu'il existe à l'intérieur de l'avion des composants de fabrication US. Et je ne parlerai pas non plus des PMI/PMI où c'est un vrai carnage…

Je pense, mais cela n'engage que moi, qu'il nous faut impérativement trouver de nouveaux alliés avec les BRICS+.

L'Histoire de la France constitue un atout majeur pour envisager ce scénario. Seul un homme d'État visionnaire peut l'appréhender et le mettre en œuvre. Il n'y en a qu'un seul à mes yeux : François Asselineau.

Données économiques	BRAZIL	RUSSIA	CHINA
Population	215 millions	146 millions	1,42 milliard
PIB (nominal) 2022	1 833milliards USD	1 829 milliards USD	18,117 milliards USD
PIB (PPA) 2022	3 680 milliards USD	4 365 milliards USD	30 217 milliards USD
Croissance 2022	+ 2,9 %	+ 3,5 % (2023))	+ 3,0 %
	INDIA	SOUTH AFRICA	EGYPT
Population	1,42 milliard	61 millions	109 millions
PIB (nominal) 2023	3 534 milliards USD	400 milliards USD	378 milliards USD
PIB (PPA) 2023	11 745 milliards USD	990 milliards USD	1 800 milliards USD
Croissance 2022	+ 7,2 %	+ 2,0 %	+ 4,2 %
	ETHIOPIA	IRAN	SAUDI ARABIA
Population	105 millions	87,6 millions	32 millions
PIB (nominal) 2023	156 milliards USD	368 milliards USD	1 061 milliards USD
PIB (PPA) 2023	394 milliards USD	1 692 milliards USD	2 300 milliards USD
Croissance 2022	+ 5,3 %	+ 2,9 %	+ 8,7 %
	UNITED ARAB EMIRATES	Sources : FMI, ONU, Trading Economics	
Population	9,4 millions		
PIB (nominal) 2023	499 milliards USD		
PIB (PPA) 2023	890 milliards USD		
Croissance	+ 7,9 %		

Nota : Les économistes d'aujourd'hui privilégient le PIB calculé en Parité de Pouvoir d'Achat (PPA) à la méthode des taux de change de marché, car celle-ci est une trop grande source d'erreurs.

TROISIÈME PARTIE

LA DÉSINFORMATION DU PEUPLE FRANÇAIS PAR LES MEDIAS ET LES PARTIS POLITIQUES FRANÇAIS « TOUS CONFONDUS »

CHAPITRE 5

LA PENSEE UNIQUE TOTALITAIRE VERSUS LES CHAINES ALTERNATIVES

« *Il faut que les Français cessent de se laisser continuellement mettre dans un enfermement mental où les forces politico-médiatiques les enferment* »

Le pouvoir de l'information avec nos journalistes « menteurs professionnels ».

<u>MOT D'ORDRE</u> : Ne regardez plus la TV.

S'il veut conserver le pouvoir et par conséquent contrôler le peuple, tout bon dictateur sait qu'empêcher les gens de se parler entre eux est essentiel.

L'exemple des masques et baillons lors de la pseudo-épidémie du rhume 19, excellement bien gérée par la Suède est d'ores et déjà un phénomène de privations de libertés qui reviendra encore demain tellement c'est plus simple de gouverner des gens muselés et confinés.

Contrôler le peuple n'est pas suffisant, il faut exclure les débatteurs surtout celles et ceux qui parlent de racines religieuses et/ou d'idées politiques pas politiquement correctes.

C'est pour cela que Thierry Breton, commissaire européen à Bruxelles, qui s'est auto-investi afin de supprimer les réseaux sociaux à qui il rejette tous les tords pour mieux les supprimer tels que X (anciennement Twitter), Télégram, Instagram etc.

Ne nous trompons pas, internet et ses conséquences redonnent un peu de liberté aux peuples. En termes de communication et d'information, Internet est une grande révolution mondiale qui vient juste après l'invention de l'imprimerie qui elle-même, en son temps, était crainte pour son nouveau pouvoir donné aux petites gens.

Aujourd'hui le peuple n'élit plus personne ! Ce sont les médias qui font la politique et choisissent ceux à élire, à commencer par le premier d'entre eux : le Président de la République.

Même Wikipédia France est le produit le plus mauvais de toute l'Europe. Wikipédia ne fait que stigmatiser en mettant Pierre, Paul et Jacques, mais aussi désormais Mouloud, Sofiane, Abdel , et Youssef dans des cases : un tel de gauche, d'extrême gauche ou de droite, d'extrême droite.

Bref, si vous souhaitez une vraie transparence honnête, choisissez plutôt Wikipédia en allemand que pourrez traduire, si vous ne maitrisez pas l'allemand, grâce à Google ou à l'aide d'un traducteur électronique.

La loi sur la laïcité du 9 décembre 1905 initiée par le socialiste Aristide Briand est la seule loi au monde qui bafoue l'histoire religieuse de son propre pays dont les buts fondamentaux étaient de soustraire les Français à la tutelle de l'église.

Les « bouffeurs » de curés et de croyants chrétiens qu'ils soient de confession catholique ou protestante ont été massacrés en masse lors de la Révolution de 1789. **Pour rappel, la loi sur la sacrosainte laïcité est un cas unique dans le monde**.

La laïcité prônée par les socialistes et les francs-maçons du Grand Orient seule obédience qui ne parle que politique au sein de ses loges est désormais la loi depuis plus d'un siècle.

Toutefois, il est à noter qu'un seul parti politique, en l'occurrence l'Union Populaire Républicaine, prévoit dans son programme présidentiel, consultable sur upr.fr, de rajouter, aux fondements de la Constitution française, que la France est laïque et de tradition chrétienne.

(Article 1. « La France est une République indivisible, laïque et sociale… et de tradition chrétienne »). Seul parti à déclamer un programme lisible par tous, je vous encourage à le consulter en connaissance de cause.

Si j'écris ce livre c'est aussi pour écouter les conseils d'un autre personnage censuré : Monsieur Idriss Aberkane, qui conseille aux internautes de s'inscrire en qualité de journaliste-citoyen dans une de ses vidéos, toutes aussi remarquables les unes que les autres, intitulée « *La censure de masse s'abat sur l'Europe* ».

Sans internet et les réseaux sociaux, je n'aurai jamais pu découvrir cet homme d'une intelligence rarissime et exceptionnelle. Il est évident que ce Monsieur est et a été fortement censuré pour avoir dit des choses politiquement incorrectes.

Où est passé la liberté d'expression et de ses fameux Droits de l'Homme si importants à l'Union Européenne quand ça l'arrange ?

Aujourd'hui, il n'y a jamais eu autant d'attaques sur la Liberté de la presse. Nous ne sommes pas encore à l'autodafé des livres de l'ère national-socialiste, mais ne vous en faites pas, c'est pour demain, mais ce sera fait de manière plus soft et toujours dans le dos du peuple…

Les journalistes de presse écrite et télévisée défendent inlassablement l'Union Européenne pour que cela rentre bien dans vos crânes de citoyen, mais pour cela, ils mentent.

D'ailleurs, un autre grand intellectuel tel que Monsieur Arnaud-Aaron Upinski affirme dans une interview sur internet :

« Les journalistes, sans aucune exclusion, mentent et ils savent qu'ils mentent et bien en plus. Ce sont des menteurs professionnels. Ils ne se trompent jamais dans le mensonge » (entretien sur magasine Nexus : *« On a une atrophie du cerveau, qui n'est plus capable de penser »* -6mn 20 sec-

Un Monsieur « hors pair » qu'il faut lire et écouter à tout prix (j'en parle dans mon renvoi 9). Il est évident qu'il est à son tour censuré.

Dire qu'il n'y a plus d'intellectuels en France, ce n'est pas vrai. Il en existe encore beaucoup, mais ils sont tous censurés et ne passent jamais sur les chaines dites mainstrean (de grand public, pour parler français) !

Pour citer Monsieur Upinski, il dit :

« Les journalistes disent des choses vraies hors plateau tv mais dès qu'ils passent à l'antenne, ils disent l'inverse…Nous sommes dans un système de mensonges mathématiques où les journalistes ne cessent de mentir : le Rhume 19, Mac Kinsey, obéir à la nouvelle religion qu'est l'écologie, les interdictions des médicaments qui soignent, l'Histoire tronquée et déconstruite, le génocide vendéen, l'Histoire du 14 juillet 1789 et combien d'autres milliers de mensonges ».

Tout ceci n'a qu'un seul but, asservir le peuple.

La priorité est donnée à l'abêtissement et au nivellement par le bas, mais chut, c'est secret, il ne faut pas le dire sinon vous serez traité de complotiste et vous risquerez un jour l'enfermement politique voire psychiatrique (ça ne vous rappelle pas le fonctionnement stalinien ?).

Est-ce que les journalistes sont des menteurs professionnels comme le dénonce Monsieur Upinsky, je pense que oui.

Et je pense que d'une manière générale, il faut reconnaitre que les chaines publiques financées avec nos impôts ne font que l'entre soi en n'exerçant aucun pluralisme et en ne travaillant aucunement dans l'objectivité.

Pour les malheureux français qui rentrent chez eux le midi, surtout le soir, et qui ont envie de se divertir sur une bonne chaine de télévision, ils sont captivés par la propagande télévisée qui atrophient leur cerveau et leur occulte toute idée, toute façon de penser.

Un conseil : choisissez toujours une chaine alternative sur youtube plutôt que la télévision qui ne promeut que celles et ceux derrière les micros.

Nous sommes dans une société qui ne cherche que le contrôle de l'information.

C'est la dictature des bien-pensants. Et connaissez-vous le grand chef des médias ? C'est tout simplement Macron parbleu ! Il exploite au maximum la manipulation des masses par la peur !

Lors de son discours sur l'arrivée du Covid, il a utilisé à six reprises la phrase : « Nous sommes en guerre ! ». INADMISSIBLE.

Autre exemple, les dernières insultes et accusations de RSF (Reporters Sans Frontières) envers Cnews sont là pour le démontrer ? Que penser de Cnews ? Pour ma part, j'émets un petit bémol sur cette chaine au regard des autres journalistes « tous menteurs professionnels » qui ne prêchent que pour leurs paroisses, leurs mosquées ou leur doctrine et idéologie de personnes athées.

Pour Cnews, seule chaine que j'estime et regarde avec plaisir, mais uniquement « L'heure des pros », le matin et le soir, grâce à Monsieur Pascal Praud qui me semble être un très grand journaliste, très cultivé et soucieux de se mettre à la place des français qui le regardent...

J'adore ses éditoriaux en début d'émission, ses connaissances nombreuses, sa compétence et son expérience. Ce sont à la fois des informations utiles et le ton léger adopté en fin d'émission me fait du bien. Cette émission ne traite pas uniquement de sujets politiques ou de faits d'actualité, Pascal reçoit très souvent des personnalités diverses originales qui me nourrissent.
En cela, il s'approche d'émissions d'un passé où la qualité télévisuelle était d'une qualité incontestable. Son émission est très certainement l'une, très rare, qui s'inscrira pour les années futures.

Les autres journalistes qui accompagnent Monsieur Praud sont, également, d'excellente facture tels que Sonia Mabrouk au profil de journaliste « hors pair » qui représente non seulement la diversité dont la France a besoin, mais qui a écrit plusieurs ouvrages dont un livre publié en 2019 que j'ai adoré et qui s'intitule « Douce France, où est (passé) ton bon sens ? Lettre ouverte à un pays déboussolé » ».

Viennent ensuite Elisabeth Levy, Charlotte d'Ornellas, Christine Kelly, Sonia Mabrouk, Elisabeth Lévy, Olivier Benkemoun, Marc Menant, Gauthier Le Bret (que j'ai tenu à féliciter à Toulon lorsqu'il était venu couvrir la campagne d'Eric Zemmour) et encore bien d'autres journalistes sur cette chaine.

Mais de là, à donner à Cnews « le bon Dieu sans confession » selon l'expression consacrée, je ne m'y hasarderai pas et le faire serait à mon avis une grave erreur et un manque total de lucidité.

Actuellement, la chaine Cnews est accusée de ne pas assez inviter de personnages politiques, Pascal Praud s'en défend en rétorquant qu'il les invite, mais que ce sont eux-mêmes qui ne veulent pas venir à son antenne.

Malgré mon plaisir d'écouter Monsieur Pascal Praud, il faut quand même reconnaitre qu'il est totalement soumis à son employeur, le milliardaire Vincent Bolloré.

A ce titre, il se met totalement « hors-jeu » sur l'aspect de la déontologie et la transparence nécessaire à tout bon journaliste. Surtout quand il fait la publicité des jeunes générations telles que Bardella, Marechal, Attal, Séjourné et bien d'autres gamins…

Qu'est-ce qu'il attend pour inviter François Asselineau, un homme expérimenté, qui n'a pas changé son discours visionnaire depuis plus de 17 ans ?

Allons, Monsieur Praud, cessez de vous inscrire comme journaliste-menteur professionnel comme le définit, à raison, Monsieur Upinsky, que vous censurez également... Vous valez mieux que ça !

Les remarques formulées par Monsieur Upinski prennent toute leur importance et tout leur sens à savoir : « *Ce sont tous des menteurs professionnels et ils le font bien* ». Pourquoi ?

Parce que Cnews est une chaine de système certes moins pire que les autres. Mais cette chaine a « l'œil de Moscou » au-dessus de sa tête comme on disait du temps de l'URSS. Elle est contrôlée par l'ARCOM et, surtout, par le milliardaire Vincent Bolloré.

Est-ce bon qu'en France les presses écrite et télévisée soient financées soit par les deniers publics, donc nos impôts ; soit par des milliardaires qui contrôlent une bonne part de l'information en France ?

La réponse est évidente : absolument pas !

C'est pour cela que la France a besoin d'une véritable Libération Nationale et que par conséquent, je me suis totalement investi dans le militantisme au sein de l'UPR.

Cnews a-t-elle déjà invité des personnalités déjà censurées comme messieurs Arnaud-Aaron Upinski, Idriss Aberkane, Jacques Baud, Alexis Poulin, Alain Juillet, Caroline Galactéros, Slobodan Despot, Juan Branco et bien d'autres encore...comme Asselineau, par exemple ?

Concernant les personnalités politiques, qui Cnews invite-t-il ? Toujours les mêmes !!!

Philippe de Villiers, Marion Marechal, Jordan Bardella, Florian Philippot (invité 16 fois par Pascal Praud), Nicolas-Dupont-Aignan...Certes, Monsieur Praud invite de nombreuses personnalités de gauche telle que Jean-Luc Mélenchon, Olivier Faure, Sandrine Rousseau qui toutes répondent aux abonnés absents.

De quoi ont-elles peurs ces personnalités ?

Cnews est-elle une chaine de système comme les autres ? Encore une fois, oui.

Néanmoins, je reste convaincu que s'il n'y avait qu'une seule chaine à regarder dans le paysage audiovisuel français (PAF), je dirai que c'est celle-là puisque les Français ne peuvent se passer du petit écran. Et je vous le confirme au regard des autres chaines qui sont plus que nauséabondes et vous donnent envie de vomir. Ces autres chaines TV sont à leur tour des chaines d'opinion prêtes à enfumer et à endormir les Français.

Cnews génère 2,3 % de part d'audience, mais c'est la médiocre chaine BFMTV qui remporte la palme des chaines info avec 3 % de part d'audience, la troisième étant la pire : LCI avec 2% ; la chaine publique France info fermant la marche avec 0,8 %, mais ce n'est rien comparé à la première chaine privée de France et d'Europe qu'est TF1 avec 18,1 % de parts de marché tout de suite suivie par la chaine publique France 2 et comme ce sont les seniors de plus de 50 ans avec la génération boomer qui regardent le plus la télévision au quotidien avec 5 heures 23 mn par jour (de vrais addicts et intoxiqués).

Vous avez très vite compris quels sont ceux qui votent Macron (ils ne se rendent pas compte qu'ils subissent la propagande médiatique).

C'est pour cela que mon livre s'adresse en priorité aux abstentionnistes et aux jeunes générations qui doivent absolument se réveiller car leurs parents et grands-parents les ont totalement oubliés.

Mais retenez bien ceci, toutes les chaines de TV sont des chaines de système. Aucune d'entre elles n'a invité une seule fois le Président de l'Union Populaire Républicaine qu'est Monsieur François Asselineau, ni Cnews ni personne d'autres.

On peut donc s'interroger sur les analyses d'un autre intellectuel censuré qu'est Monsieur Upinski qui rétorque que les journalistes sont tous des menteurs-professionnels. Ils le sont. Tous !

Toutes les chaines du PAF ont leur intérêt d'invisibiliser F. Asselineau, ce personnage politique classé au Centre, répertorié dans la case « Divers » du ministère de l'intérieur, et qui s'adresse aux Français de gauche comme de droite dans le cadre du Conseil National de la Résistance de 1943 du Général de Gaulle.

Pourquoi, est-il invisibilisé ? Tout simplement parce que les journalistes menteurs professionnels ne savent pas quoi lui répondre., au premier chef pour ne citer qu'un seul exemple : Léa Salamé que j'ai déjà évoqué dans cet ouvrage.

Nous sommes donc bien dans des chaines TV de système.
Encore un détail sur Cnews ou plutôt une anecdote car dans la vie « il n'y a pas de fumée sans feu.

Je m'étais rendu au salon du Livre à Toulon les 18 et 19 novembre 2023 où je m'étais procuré une huitaine de livres. Comme j'avais rencontré trois personnages que j'avais vu sur la chaine Cnews, je leur avais acheté un bouquin à deux d'entre eux.

Le premier, l'avocat Randall Schwerdorffer dont j'avais connu le père lorsqu'il officiait à l'état-major de la 6ème division légère blindée à Nîmes ; son livre s'intitulait :

« Itinéraire d'un avocat hors norme ». Puis, le second, un autre avocat, Bertrand Périer, dont j'acheta le livre « La parole pour le meilleur et pour le pire ».

Dans l'entretien que j'avais eu avec eux, l'un deux me confia : *« Cnews, c'est une secte ! Ils sont vraiment méchants »*.

Bien sûr, je fus surpris de cette révélation mais après coup, je me suis dit : « Cela ne m'étonne pas ! Ces journalistes sont bien la confirmation de ce qu'en dit Monsieur Upinsky : tous des menteurs professionnels ».

Dans cet ouvrage, je vais donc tester Monsieur Pascal Praud en lui disant :

« QU'ATTENDEZ-VOUS PASCAL PRAUD POUR INVITER, UN JOUR, MONSIEUR FRANCOIS ASSELINEAU SUR VOTRE CHAINE CNEWS ? ALORS QUE VOUS INVITE SANS CESSE FLORIAN PHILIPPOT »

Aujourd'hui, nous sommes dans le dernier quart du 21e siècle et nous n'avons pas le droit de remettre en question certaines choses.

Par exemple, est-ce que les trois mots « Liberté - Egalité - Fraternité » sont-ils réellement appropriés ? Liberté : il n'y a pas qu'une seule liberté, il en existe plusieurs et elle devrait donc être conjuguée au pluriel.

Egalité : il n'existe aucune égalité.

« Selon que vous serez puissant ou misérable, les jugements de cour vous rendront blanc ou noir » écrivait La Fontaine dans « Les Animaux, malades de la peste ».

Le mot Equité serait plus approprié.

Fraternité, bizarre que nos féministes qui souhaitent détruire la langue française et mettre du féminin sur chaque mot ne se soient pas exprimés sur ce mot masculin. Et les femmes alors, on les oublie ?

Auparavant, dans la langue française, on m'avait appris que le masculin l'emportait sur le féminin ! Aujourd'hui, on dit à tout instant : celles et ceux. Je dis donc aux féministes, emparer vous de ce mot « fraternité », car il y problème là !

Dans notre nouveau pays qui devrait s'appeler l'Absurdistan, pourquoi ne pas rajouter à fraternité son féminin qui est « sororité » ?

Nous vivons dans une période de déconstruction, de désinformation où la Vérité est sans cesse cachée, bafouée, tronquée, manipulée. Ceci est une chose gravissime et l'actualité actuelle le démontre chaque jour.

Pourtant, pour citer à nouveau Upinski, « *Notre civilisation est basée sur la Vérité. Les Grecs, c'est la science, c'est la Vérité* ». Le christianisme, Jésus a dit (n'en déplaise à Michel Onfray) : « *Je suis le Chemin, la Vérité et la Vie. L'idéal du scientifique, c'est la Vérité. L'idéal de l'écrivain, c'est la quête de la Vérité. L'idéal du journaliste, c'est la Vérité* » formulé dans la Charte de Munich sans cesse violée en permanence…mais il existe encore de beaucoup d'espoir grâce aux chaines alternatives sur youtube.

La presse écrite et télévisée crédite ou discrédite qui elle veut.

Les états généraux de la presse ont été faits pour vous faire croire que nous sommes dans une belle et florissante démocratie, mais le bon journaliste officiel est celui qui est subventionné par les impôts payés par le contribuable.

L'autre journaliste plus privé disons-le, est propriété du milliardaire qui l'emploie, il est labellisé.

Huit milliardaires sont propriétaires de la presse que je rappelle dans le tableau en fin de chapitre. Le vrai journaliste, lui, est au chômage, expression chère à Monsieur Charles Gave.

En résumé de ce qui a été évoqué supra : « ne faites aucune confiance aux chaines télévisées ».

Pour vous faire une opinion, n'allez que sur les chaines alternatives de youtube.

Je rappelle d'ailleurs que dans le programme présidentiel de Monsieur Asselineau consultable sur upr.fr, une réforme totale de la télévision française est prévue, ce qu'aucun autre parti politique n'a prévu. Encore faut-il prendre le temps de consulter ce programme présidentiel.

En fin de chapitre, je vous donne également un aperçu, non exhaustif, des chaines alternatives « non exhaustives » utiles à consulter sur internet avec leurs animateurs.

Aujourd'hui, les médias baignent et sont totalement immergés dans l'adage commun : ***« L'information, c'est le pouvoir ».***

C'est une vraie guerre d'influence avec des médias dominants qui font les élections en promouvant leur favori.

Le seul remède à ce constat, c'est que les non-votants et abstentionnistes aillent voter régulièrement afin de ne plus être les victimes, ces fameux « sans-dents » expression chère à Flamby surnom donné à François Hollande. Ces victimes en subiront les conséquences dans les années futures si elles ne reprennent pas en mains leur destin !

Aujourd'hui, ce qui se trame dans votre dos, encore et encore, c'est de vous choisir le candidat idéal pour les Européennes de 2024, mais surtout le superman ou la superwoman qu'il vous faut, qu'il faut à la France pour 2027.

Pour ce faire, l'entre soi médiatique définit de nombreux sujets d'entente pour promouvoir leur favori dont l'un fondamental : les sondages. Comment font-ils ?

C'est simple ils choisissent 10, 15, 20 personnalités dont certaines d'entre elles figureront « relookées » en première de couverture sur quelques magazines de milliardaires comme évoqué dans le tableau en fin de chapitre tels que : Paris-Match, Le Journal du Dimanche, Le Figaro Magazine, l'Obs, Télérama, Voici, Gala, Capital, Le Point, etc.

Ensuite, ils organisent un sondage sur ces personnalités. Si vous souhaitez exprimer votre choix pour une personne qui n'y figure pas, on vous dit de cocher pour la personne se rapprochant le plus de vos souhaits, ça c'est la façade.

Le reste, au dépouillement des sondages, c'est quand même le favori du média qui sortira premier. **Ne vous laisser plus enfumer par les TV, éteignez-les ! NE LES CROYEZ PLUS ! ILS SONT TOXIQUES !**

Ils vous ont déjà fait le coup à plusieurs reprises avec, par exemple des expressions pour vendre le nouveau président de république « Macron » telles que « le Mozart de la finance » ou « le nouveau JFK français » : Emmanuel Macron. Qu'est-ce qu'on dit ? Merci, les journalistes !

ATTENTION ! Les chaines alternatives ainsi que les réseaux sociaux sont menacées par la Commission Européenne de Bruxelles. D'où l'importance, justement, d'élire au 9 juin 2024 des personnalités dissidentes telles que François Asselineau.

Il est essentiel d'avoir plusieurs députés UPR cette année en vue des Présidentielles 2027, car les élections présidentielles ne se gagnent pas forcément durant la campagne, mais un an ou deux ans avant.

D'ailleurs, les médias sont déjà en train de vous vendre leurs favoris : apprenez à lire entre les lignes. Essayez d'avoir un coup d'avance face à ses menteurs. Comportez-vous comme des incrédules…Vous avez été tellement trompés que cela suffit maintenant !

L'intérêt de la Commission de Bruxelles est de censurer !

Comme expliqué en début de chapitre, il est vital pour la présidente de la commission européenne Ursula von der Leyen d'exclure les débatteurs. Cette dernière, non élue, veut imposer ses vues et son pouvoir et elle ne s'est pas gênée, avec l'appui de son fidèle ami Emmanuel Macron, pour exclure et interdire de diffusion en 2022 la chaine d'information RT France dont le slogan était « Osez questionner ». Aucune chaine ni organisme d'information ne s'est émue de cette décision mettant au chômage 150 journalistes. Tout est dit !

La censure globale de l'information existe, elle est à vos portes...Une seule voix doit compter : « La Voix de son Maitre ». À quand la censure du livre ? C'est pour bientôt...Ne vous en faites pas, vos libertés sont de plus menacées.

Il est à noter que la presse anglo-saxonne est beaucoup plus libre que la presse française contrôlée par l'Union Européenne. Encore une autre raison de sortir de l'UE.

Les chaines alternatives sur youtube essaient d'éclairer les Français sur de nombreux sujets qui ne sont jamais débattus par la télévision classique. Elles sont donc à privilégier en priorité.

Je vous cite par conséquent quelques journalistes et animateurs qu'il faut écouter et regarder à tout prix pour se faire une bonne idée de ce qui se passe dans le Monde et en France.

Vous devez connaitre les milliardaires qui exploitent votre pensée. Voici donc ci-après un tableau qui résume leurs actions.

PRESSE TELEVISEE ET ECRITE AUX ORDRES DES MILLIARDAIRES	
MILLIARDAIRES	**PRESSE**
ARNAULT Bernard	LE PARISIEN / LES ECHOS / RADIO CLASSIQUE
BOLLORE Vincet	CAPITAL / CANAL + / C8 / CNEWS / EDITIONS ROBERT LAFFONT / GALA / NATHAN / VOICI
BOUYGUES Martin	TF1 / TFX / TMC / LCI
DASSAULT Groupe	LE FIGARO / LE FIGARO MAGAZINE / MADAME FIGARO / LINTERNAUTE
DRAHI Patrick	LIBERATION / RMC / BFMTV / T24 NEWS
LAGARDERE Arnaud	EUROPE 1 / PARIS MATCH / HACHETTE LIVRES / LE JOURNAL DU DIMANCHE
NIEL Xavier	LE MONDE / NICE MATIN / L'OBS / TELERAMA / L'HEBDO / C DANS L'AIR
PINAULT François	LE POINT

Après ce tableau sur les milliardaires et leurs journalistes-complices qui vous exploitent, voici ce que vous devez prioriser pour vous construire vos propres opinions et développer en outre votre culture générale.

CHAINES ALTERNATIVES SUR LE WEB (non exhaustives)

Compte tenu que « l'information, c'est le pouvoir », les chaines présentées dans le tableau ci-après sont menacées dans le cadre de la Liberté d'expression ! Menacées par qui ou quoi ? Tout simplement, par la bienpensante, mais néanmoins presse de propagande existante sur la télévision classique complice des forces politiques en présence. Cette télévision classique endort les millions de Français qui ne disposent que d'un seul credo, celui, des journalistes-menteurs de ces mêmes chaines. La plupart de ces chaines alternatives diffusent des émissions dignes d'un très grand intérêt en offrant une diversité aujourd'hui censurée par les instances de l'État français et des combinards européistes et atlantistes. En cela, elles doivent être soutenues sont, car elles offrent une information différente que celles de la doxa médiatico-politique diffusée par les chaines TV classiques qui drainent des millions de Français

« L'idéologie dominante est celle de la classe capitaliste et des multinationales industrielles et financières qui contrôlent la quasi-totalité du système médiatique dont la fonction idéologique est la construction du consentement à sa domination malgré les innombrables dégâts sociaux et environnementaux qu'elle occasionne.

L'appareil idéologique médiatique a pour fonction politique essentielle de rendre impossible ou quasiment impossible une transformation économique et politique démocratique par voie électorale.

Il lui faut donc façonner l'opinion des électeurs par tout un ensemble de stratégies et de techniques des plus grossières aux plus sophistiquées alternatives ET indépendantes !

L'existence de médias alternatifs et notamment des web télé alternatives et indépendantes est donc une nécessité pour la survie de la démocratie et pour permettre notamment aux électeurs d'avoir une perception du réel qui ne soit pas préconstruite par des édidocrates qui, de fait, ne sont pas

des journalistes, mais des agents de l'action idéologique de la bourgeoisie dominante. ».

Vous ne trouvez pas que ce discours écrit en italique ressemble à un art oratoire qu'aurait pu exprimer Monsieur Mélenchon ? Eh bien non ! Si c'était le cas, je lui dirai de rejoindre en toute hâte Monsieur Asselineau. Mais ce n'est pas le cas. Le problème de Mélenchon, de la France Insoumise, des socialistes et des communistes, sans parler des écolos où comporte le mot « Europe » dans son acceptation (EELV), c'est qu'ils ne veulent tout simplement pas sortir de l'UE, mais de la changer de l'intérieur. Ils n'ont vraiment rien compris ou alors, ils font partie du système, eux-aussi ! On ne peut sortir de l'UE uniquement grâce à l' article 50 du TFUE.

En revanche, ce texte en italique correspond bien à une analyse de gauche puisqu'il émane de *« Midi Insoumis, Populaire et Citoyen ».* Ce qui prouve encore une fois que Monsieur Asselineau, Président de l'UPR, a encore une fois raison qui proclame dans sa charte fondatrice « L'Union des gauches et des droites » dans le cadre d'un CNR pour « Conseil National de la Résistance » ; ce que ne prône absolument pas LR, RN, Reconquête, Rassemblement National, Debout La France ou Les Patriotes...Reste-t-il encore des forces de gauche lucides ? Le peuple : oui !

CHAINES ALTERNATIVES (non exhaustives)		
Chaines alternatives youtube	Personnalités	Mes ressentis
J'suisPasContentTV	Greg Tabibian Tatiana Ventôse	Homme libre qui se réclame de gauche sur l'échiquier politique, Greg Tabibian est humoriste et vidéaste où il commente l'actualité politique et sociale avec un regard acéré et une bonne dose d'humour noir. Avec sa collègue Tatiana, ils ont écrit un essai intitulé : *« Jusqu'ici tout va (très) mal »* avec en sous-titre : *« Antidote au chaos politique ».* Greg, se dit souverainiste, mais pas patriote où il défend la démocratie référendaire qui n'est plus acceptée depuis presque vingt ans. Il A reçu F. Asselineau dans un entretien record de 5h40 intitulé « L'entretien ultime ! »
Géopolitique Profonde	Mike Borowski	Déçu par les médias dits de grands chemins, presses de bourgeoisie parisienne dont l'idée maitresse de leur fonctionnement est le mépris de classe, Mike Borowski a créé cette chaine alternative qui cartonne sur youtube afin de donner la parole aux personnes censurées de ces médias. Le nom de sa chaine ultra populaire et très sérieuse n'est pas à prendre au sens strict du terme, car elle est ouverte à tout ce qui prête au débat de société. C'est une chaine alternative qui se distingue des médias subventionnés par les impôts des contribuables qui perçoivent des millions d'euros

Octogone	Idriss Aberkane	Conférencier de talent, essayiste, Idriss Aberkane est un vrai puits de sciences. Hyper censuré comme tout être qui dit un langage différent de la doxa médiatico-politique et sa Pensée Unique Totalitaire, Idriss est une personne charismatique qu'il faut écouter à tout prix, ne serait-ce que sa parole entre dans une Liberté d'expression originale qui défend de nombreuses personnalités désormais censurées, elle aussi ! Monsieur Aberkane a reçu F. Asselineau à de nombreuses reprises. Deux esprits éclairés comme ces deux intellectuels qui se rencontrent vous nourrit et vous procure une joie spirituelle intense.
Cercle Aristote	Pierre-Yves Rougeyron	Le cercle Aristote est né de la volonté de PYR d'aider avec ses moyens et ceux de ses amis et camarades à la formation et à la promotion d'une nouvelle génération d'intellectuels. Souverainiste, plutôt proche Florian Philippot, Pierre Yves Rougeyron est soucieux de la liberté d'expression et a reçu à plusieurs reprises dans le cadre de son émission de septembre-octobre 2023 Monsieur F. Asselineau dont l'intitulé était : Insécurité, Ukraine et Jeux Olympiques mais également, il y a deux ans, les expériences diplomatiques de FA au Japon
		Alain Juillet, je l'ai évoqué dans mon Introduction et mon renvoi (1). Spécialisé en géopolitique, ses conférences

Open Box TV	Alain Juillet	exemplaires très souvent dédiées aux jeunes générations valent le détour ! Grâce à sa sagesse d'ancien, à son expérience et à son vécu exceptionnel, il est d'un très grand intérêt de visionner ses interventions sur youtube et quand vous irez vous coucher le soir, vous vous apercevrez que vous avez appris une tonne de choses.
TV Liberté	Elise Blaise	C'est la 1re chaine alternative de France qui est réellement pluraliste et donne la parole à toutes les personnalités déflorant ainsi le fameux « plafond de verre » qui existe avec les médias de propagande se répandant sur les chaines TV et de presse écrite. Vive internet et sa liberté d'expression. « La vérité vous rendra libre » comme le dit Charles Gave dans son dernier ouvrage
L'institut des libertés	Charles Gave	J'évoque pour mémoire Monsieur Charles Gave en début d'introduction et dans mon renvoi (2). Chaine youtube très intéressante à regarder pour celui qui souhaite s'informer en toute transparence et bien sûr se cultiver. Cette chaine est animée par un patriarche nommé Charles Gave en compagnie de sa fille Emmanuelle, avocate, qui fut, dans un passé très récent, ostracisée par la bien-pensance journalistique de la Pensée Universelle Politique. Cette chaine alternative vous octroie d'autres façons de comprendre et d'aborder les choses que votre médiocre télévision et journal ne vous annonceront jamais !

CHAPITRE SIX

LES PARTIS POLITIQUES FRANCAIS EN PRESENCE

« Les gens de gauche ont rarement de grand projet. Ils font de la démagogie et se servent des mouvements d'opinion. La gauche tire le haut de la société vers le bas, par idéal d'égalitarisme. C'est comme ça que l'on a fini dans l'abîme en 1940...Les socialistes sont d'éternels utopistes, des déphasés, des apatrides mentaux...Ils gaspillent toujours la plus grande partie des crédits. On ne les a jamais vu dépenser efficacement les crédits...Je n'aime pas les socialistes, car ils ne sont pas socialistes...Parce qu'ils sont incapables. Ils sont dangereux... »

CHARLES DE GAULLE

Mon livre est avant tout un ouvrage de résistance et de combat au profit l'Union Populaire Républicaine.

Par conséquent, il dénonce les vraies différences qui existent entre le pouvoir en place, les pseudos partis d'opposition et l'UPR.

TOUS LES PARTIS POLITIQUES VOUS PREPARENT A LA GUERRE, SAUF L'UPR

Tous les partis politiques en présence approuvent tous le narratif de la prochaine guerre totale contre la Russie.

L'unanimisme de tous les médias ainsi que des responsables politiques, de l'extrême droite à l'extrême gauche mettent en place une guerre imminente, soit de façon dirigée (Renaissance) soit par laxisme et/ou omission de regarder la Vérité en face (RN ; Reconquête, la NUPES).

D'ailleurs, Nicolas Tenzer, expert en géostratégie à la solde des États-Unis d'Amérique de Macron et de Van der Leyen ainsi que pour Zelenski proclame le 14 février 2024 au micro d'Europe 1- dont Cnews ne cesse de faire la promotion – « *La mort d'Alexeï Navalny est un assassinat du Kremlin* ».

Pourquoi dit-il cela ce russophobe ?

Rappelons quand même que ce Monsieur Tenzer est américanophile pour ne pas dire un adorateur des États-Unis.
Il est d'ailleurs « senior fellow » du Center for European Policy Analysis (CEPA), une institution basée à Washington DC qui a pour objectif de resserrer les relations transatlantiques et affermir la démocratie.

La CEPA est financé entre autres par les GAFAM, le complexe militaro américain et la National Endowment for Democracy (une officine privée servant de faux-nez à la CIA).
On aura compris que Nicolas Tenzer, invité sur tous les plateaux TV n'est que le porte-parole de l'État profond américain et qu'il est très certainement un agent américain façon Robert Schumann évoqué en début d'ouvrage.

A qui profite la mort de Navalny ? Cette question relève du même ordre que les sabotages des gazoducs du Nord Stream.

D'une manière générale, l'annonce du décès de Navalny est révélatrice de l'extrême gravité de la conjoncture internationale.

Ce qui se joue aujourd'hui est extrêmement grave. En effet, il apparait clairement que l'État profond américain cherche à entrer en guerre frontale avec la Russie, première puissance nucléaire mondiale, et à envoyer les peuples d'Europe au massacre contre l'armée russe, après avoir anéanti 500 000 Ukrainiens.

Cette accusation d'assassinat de Navalny n'intervient pas tout à fait au hasard. Tout simplement, elle intervient quelques jours après l'interview de Messieurs Tucker Carlson et Vladimir Poutine. Cet entretien avait eu pour conséquence de redorer le blason de Monsieur Poutine en lui redonnant une certaine stature et popularité internationale.

L'Occident mal intentionné, et ce n'est pas Aldo Stérone qui me démentira, avait tout intérêt, une nouvelle fois, de discréditer Poutine et comme pour les gazoducs, ce fut cette fois-ci, un être humain qui en fit les frais…Et de fait, la totalité des dirigeants du monde occidental ont repris instantanément, sans aucune réflexion les mêmes éléments de langage « made in CIA » afin d'accuser Poutine d'assassin de Navalny.

Ne soyons pas dupes. Rappelons quand même que Navalny était néo-nazi, raciste, génocidaire, escroc patenté et arrêté justement pour cela par les autorités russes.
Pour finir le tableau, c'était un agent financé par la « National Endowment for Democracy ». Cela en dit long sur la docilité de l'UE envers les États-Unis avec nos pseudos opposants en tête pour lesquels vous vous apprêtez à voter pour le 9 juin prochain.

Tout ceci, ne vous y trompez pas nous mène directement à la guerre et je vous demande par conséquent de voter en masse UPR pour infléchir les va-t'en guerre qui veulent envoyer se faire égorger vos fils et vos compagnes…Aux urnes aux citoyens…

En tous les cas, les BRICS + ne sont dupes de tous ces manèges.

Les Européens, eux, ne comprennent vraiment rien à rien. Ils se dirigent tout droit vers un conflit international dont le théâtre d'opérations sera particulièrement localisé sur le continent européen.

LE PARTI ACTUELLEMENT AU POUVOIR : LREM reconvertie en RENAISANCE

Analyse d'Emmanuel Macron (son inquiétant profil psychologique).

Pour vous donner chers lecteurs, une réponse objective sur le « cas Macron », je vous relate une interview faite auprès d'un éminent professeur psychiatre et psychothérapeute italien nommé Adriano Sagatori.

Ce professeur est psychiatre auprès de Tribunaux italiens. Cinq ans après son premier diagnostic de 2017, Adriano Sagatori avait effectué une nouvelle analyse à la veille du second tour de 2022. Je vous retranscris « stricto sensu » la totalité des analyses et conclusions de cet éminent spécialiste :
« Je me rappelle parfaitement le profil clinique que j'avais établi, non pas un diagnostic, puisqu'il ne s'agit pas d'un problème psychiatrique, mais d'une évaluation d'un psychopathe qui une structure de personnalité qui prévoit une série de qualités ou de défauts selon la perspective à partir de laquelle on les observe.

D'après moi, Macron possède un QI élevé. Une grande culture, une capacité de communication qui peut être vue de manière ambivalente, mais qui est incisive, un charisme évident bien que superficiel, une grandeur qui le porte -et c'est là l'aspect négatif- à une absence de limites, une affectivité égoïste c'est-à-dire autocentrée. En gros, il aime ceux qui l'aiment. Une grande capacité de manipulation, une absence totale de sentiment de culpabilité, du cynisme, bien sûr et une grande capacité de mimétisme.

Ces aptitudes, qui sont des ressources pour une personne équilibrée deviennent très dangereuses si elles sont organisées dans une structure personnologique.

Je confirme tout ce que j'ai dit dans l'entrevue précédente avec un changement dans mon jugement, une erreur d'évaluation quand j'ai dit qu'Emmanuel Macron aurait été dangereux pour les Français. Vu les changements au niveau politique et géopolitique de ces dernières années, je dois confirmer que Macron est très dangereux pour l'Europe entière et de l'Italie également.

Une grande psychanalyste américaine a dit que les plus grands psychopathes étaient tous des capitaines d'industrie, généraux des États-Unis qui occupent de très hautes charges. Pour son cynisme, sa capacité de séduction, sa bonne dialectique, son intelligence, le support des forces économiques qui le soutiennent, son niveau culturel, il devient le personnage idéal qui ne peut rassembler les Français, exactement comme Mario Draghi avait uni ses forces contre l'Italie.
Parmi les points majeurs, le premier, je dirai est la grandeur. A ce titre, Macron l'a démontré au premier sommet international qu'il a organisé à Versailles et non pas à l'Elysée. Une amie Française avait suggéré de nommer ce syndrome de « syndrome Napoléon ».

Ce fut, en effet, une autocélébration, une auto-démonstration, une exposition automatique de son Pouvoir.

Le deuxième point est le narcissisme. Certains journaux italiens ont rapporté des phrases dont une est particulièrement significative : ''Macron jure d'avoir appris à aimer les Français''.

Après cinq ans de Présidence, c'était un peu tard d'apprendre à les aimer. En outre, un narcissique n'est pas capable d'aimer et c'est un grand psychanalyste comme Jacques Lacan qui le dit.

Un narcissique aime seulement ceux qui sont disposés à l'aimer et à se soumettre à lui.

Je pense que le terme « morale » pour ce type de personnalité n'existe pas, car sa substance est ''qu'est-ce que j'y gagne, quel est mon bénéfice, quelle est ma récompense et quelle est ma satisfaction à obtenir quelque chose''.

Le prédateur n'a pas de morale, le prédateur doit réussir à immobiliser une proie qui de manière symbolique peut être : la France.

Pour les narcissiques, la blessure ne concerne pas l'échec en soi, mais c'est toute l'identité propre qui est remise en question qui devient donc très dangereux et très grave du point de vue personnel. Il me semble qu'il ne participe pas au rassemblement avec la foule, mais qu'il célèbre sa propre personne. La star, c'est Lui !

La pensée complexe de Macron ne peut pas être réduite à des questions-réponses avec les journalistes. De nombreux entretiens l'ont démontré.

Si Socrate se baladait dans Athènes et parlait de sa philosophie avec le cordonnier du coin ou bien qu'Heidegger exposât sa philosophie à ses étudiants, que l'esprit de Macron soit si complexe, ça me fait un peu rire.

Permettez-moi une boutade peu scientifique. Lorsqu'il y a l'hymne national français, Macron chante avec un enthousiasme qu'il me semble qu'il aurait plus d'enthousiasme avec Jane Bikin ou Aznavour. Il y a dissociation entre l'importance de l'hymne national et son état émotionnel.

Quand Macron dit textuellement ''emmerder'', traduit en italien, cela se dirait ''casser les burnes'', à l'égard des vaccinés en disant littéralement ''Nous limiterons l'accès des non-vaccinés à la vie sociale, car ils ne sont plus des citoyens'', on a tout dit ! »

Après la rédaction de cet interview, j'avais l'impression de dresser le portrait d'Adolf Hitler, un homme qui n'a jamais eu d'enfants et qui ne pensait qu'en termes de guerre.

Macron est un homme dangereux qui ne craindra jamais d'entrainer le peuple vers la guerre.

Il est le fruit des Jacques Attali, Alain Minck et consorts et des mondialistes qui veulent gouverner le monde.

C'est pour cela que les élections européennes du 9 juin prochain ont une importance vitale pour le peuple français qui doit cesser l'asservissement de Macron et toute sa clique.

De plus, personne n'en parle en France mais aux USA où les tromperies et les mensonges ne sont pas acceptés par les Américains, la presse outre atlantique parle beaucoup de Madame Brigitte Macron qui était auparavant un homme et qui s'appelait Trogneux. A méditer…On en parle aux USA mais pas en France. Bizarre, non ?

Les élections Européennes du 9 juin 2024 doivent être abordées comme si c'étaient des élections présidentielles.

Mettre le paquet de voix sur UPR afin de changer radicalement de logiciel politique. Nous pouvons y arriver grâce au peuple de gauche et de droite lucide et éveillé, mais surtout avec l'aide des abstentionnistes s'ils veulent bien reprendre le destin de la France entre leurs mains.

Retenons également les leçons des hommes politiques élus grâce à sphère médiatique comme exposé ci-dessous :

Propulsé par la sphère médiatico-politico- judicaire en éliminant Monsieur François Fillon à la candidature de la Présidentielle 2017, Emmanuel Macron a été élu Président de la République Française le 7 mai 2017.

Mondialiste convaincu, ainsi qu'inconditionnel atlantiste et européiste, forgeant l'admiration de Sarkozy, un des traitres à la France parmi tant d'autres, Macron créé son parti politique à ses initiales : LR EM en 2016, à peine un an seulement avant son élection à la candidature suprême. Nom de parti changé juste après les élections présidentielles 2022 pour s'intituler « Renaissance » afin de faire face à la montée en puissance du Parti « Reconquête » présidé par Éric Zemmour.

Arriviste et homme de gauche convaincu malgré ses propres déclarations éternellement contradictoires afin de mieux « enfumer » le peuple français qu'il n'aime pas d'ailleurs et qu'il méprise avec la complicité des ses coreligionnaires de gauche, Macron, d'origine bourgeoise, se défend aussi d'être né « avec une cuillère d'argent dans la bouche ».

Tout sonne faux chez lui.

Pour son accès au Pouvoir suprême, il aura obtenu l'appui de toutes les banques d'affaires mondialistes, en particulier la Banque d'affaires Rothschild où il sera associé-gérant.

Paradoxe de la gauche universelle : « je fais croire que je défends les petites gens (les « sans-dents » selon les appellations de François Hollande »), Monsieur Macron est arrivé au Pouvoir grâce d'abord à la Gauche mondialiste, européiste et atlantiste, mais aussi et surtout grâce à un parti du Centre de l'échiquier politique français : le MODEM. Présidé par François Bayrou, faisant allégeance à Emmanuel Macron, il lui donnera en échange le poste de « Garde Sceaux et de Ministre de la Justice ».

Au lieu de la chanson « Paroles, paroles… », nous devrions chanter « Manœuvres, manœuvres… », ou mieux : « Magouilles, magouilles… ».

En effet, le soutien de Bayrou aura eu pour effet de provoquer une grande impulsion afin d'éliminer François Fillon et de permettre à Macron d'être élu. Mais, le magistrat LR, Monsieur Georges Fenech, consultant sur Cnews désormais, qui a combattu Fillon en 2017, alors que celui-ci faisait partie sa famille politique, a aussi sa part de responsabilité.

Aujourd'hui, comment définir le président Macron ? Il n'a peur de rien, ce sont ces propres propos. De quoi n'a-t-il pas peur au fait ?

Tout simplement : de la guerre civile et de la guerre contre la Russie.

Et pourquoi ? Parce que « destruction(s) » générera « Renouveau » ou « Renaissance » comme la nouvelle appellation de son parti politique.

C'est incroyable comme le mot « mort » fait partie du vocabulaire inconditionnel du cerveau de Macron : dénatalité, avortement, euthanasie, guerres…

Rappel du podium 2017 au premier tour des Présidentielles :

1/ Emmanuel Macron (LREM) : 24,01 % pour **8 656 346 votants**.

2/ Marine Le Pen (FN) : 21,30 % pour **7 678 491 votants**.

3/ François Fillon (LR) : 20,01 % pour **7 212 995 votants** (échec et mat à 465 496 voix près ; merci Messieurs Bayrou, Fenech, et tous les autres de votre famille politique qui ont tourné leur veste : vous l'avez tué Fillon).

4/ Jean-Luc Mélenchon (LFI) : 19,58 % pour **7 059 951 votants**
5/ Abstentionnistes : 22,23 % représentant quand même 8 013 237 personnes (avec en majorité les jeunes de moins de trente ans, petits fils de 3e ou 4e âge).

Parlons maintenant des dernières élections européennes, les dernières ont eu lieu le 26 mai 2019.

Pour 2024, la particularité de ces élections se fait à un seul tour, donc, normalement, sans magouilles des appareils politiques pour un vote utile.

Autre particularité, la liste européenne française doit recueillir minimum 5% des suffrages exprimés afin de commencer à obtenir des députés ; alors qu'en Allemagne, 1 seul pourcent suffit.

Rien que pour cet exemple, il est facile de conclure qu'il n'existe aucune harmonie au sein des pays de l'Europe et que ceux qui veulent changer l'Europe n'ont rien compris. **Le classement des européennes 2019 est indiqué ci-après.**

RN (Jordan Bardella) : 23,34% offrant 23 sièges dont 1 supplémentaire après Brexit

RENAISSANCE (Nathalie Loiseau) : 22,42% offrant 23 sièges dont 2 supplémentaires après Brexit. À noter que cette liste regroupait six partis avec les européistes et atlantistes suivants : La République en marche - Mouvement démocrate - Agir - Mouvement radical - Alliance centriste - Parti écologiste

EUROPE ECOLOGIE (Yannick Jadot) : 13,48% offrant 13 sièges dont 1 supplémentaire après Brexit. Quatre partis étaient représentés : Europe Ecologie Les Verts - Alliance écologie indépendante - Religions et peuples solidaires -

UNION DE LA DROITE ET DU CENTRE (Xavier Bellamy) : 8,48% offrant 8 sièges. Trois partis étaient représentés : Les Républicains - Les Centristes - Chasse, pêche, nature et traditions

LA FRANCE INSOUMISE (Manon Aubry) : 6,31% offrant 6 sièges. Cette liste était composée de la France insoumise et de Gauche républicaine et socialiste.

ENVIE d'EUROPE ECOLOGIQUE ET SOCIALE (l'agent américain, Raphaël Glucksmann) : 6,19% offrant 6 sièges dont 1 supplémentaire après Brexit. La liste était composée de 4 partis : Parti socialiste - Place publique - Nouvelle donne - Parti radical de gauche.

Comptez bien ! Cela fait 19 partis différents réunis autour de leur chapeau politique !

Pour voter la sortie de l'Europe, il existe des possibilités de prendre des voix à ces partis susvisés pour faire éclore l'UPR, seul parti pour l'union des droites et des gauches.

TAUX D'ABSTENTION : 50% Abstentionnistes mais maintenant que vous savez, Vous pouvez « renverser la vapeur ! ».

Mon sentiment, tout à fait personnel, pour demain est qu'il faut instaurer dans les urnes le droit de vote « OBLIGATOIRE ».

Le droit de vote est un droit, mais il devrait être également un devoir. Vingt-deux pays le pratiquent dans le monde entier. Pour les pays de l'UE, ce sont cinq pays : la Belgique, la Grèce, l'Italie, le Luxembourg, Les Pays-Bas.

Bien que n'appartenant pas à l'Union Européenne, je rappelle également que le pays le plus démocratique au monde : la Suisse, possède également le vote obligatoire.
Pour mémoire, il existe, en France, un vote obligatoire, au profit des Sénateurs. Pourquoi deux poids, deux mesures ? Le savais-vous ?

Ce que je sais, en revanche, c'est que personne ne vous en parle ni ne vous en parlera.

Allez interroger vos représentants politiques, ces fameux députés censés représenter le Peuple et vous représenter vous-mêmes…s'ils acceptent de vous recevoir.

D'ailleurs, avez-vous connaissance si les députés européens reçoivent dans leur bureau des gens du peuple ?

Non, jamais. Il faut en sortir à tout jamais de cette UE !

J'espère voir également un jour (pourquoi pas en 2027 avec l'UPR) la réduction drastique du nombre de Sénateurs et de Députés !

Cette réduction est d'ailleurs prévue dans le programme présidentiel d'upr.fr.

Pour revenir à Macron et à sa volonté délibérée de déconstruire la France pour mieux établir ses États-Unis d'Europe, parcourons ensemble des nombreux griefs, loin d'être exhaustifs, que l'on peut lui reprocher, jamais évoqués sur les chaines TV.

Macron et ses complices ont fait perdre à la France :

- Arcelor, leader mondial de l'acier ;
- Pechiney, leader mondial de l'aluminium ;
- Alstom, un des leaders mondiaux de l'énergie ;
- Technip, un des leaders dans l'oil and gas ;
- Lafarge, le ciment donné aux Suisses ;
- Alcatel, détruit, vendu à Nokia ;
- Essilor dont Luxottica fera main basse.

La totalité du tissu industriel français a été mis à bas par les gouvernements Macron et les dirigeants de ces entreprises qui s'en sont mis plein les poches.

Le bilan est désastreux : toutes les petites et moyennes entreprises qui travaillaient pour ces boites-là, ont été mises au chômage.

Et je ne vous parlerai pas des magouilles de Mac Kinsey, dont une dizaine de membres a travaillé à la campagne présidentielle de Macron.

Mais il est interdit sur les antennes de télévision de parler du rôle majeur de Mc Kinsey dans la gestion de Covid-19 en France.

QUI PEUT ENCORE VOTER POUR LA CANDIDATE MACRONISTE, MADAME VALERIE HAYER obligée de faire alliance avec le MODEM de F. BAYROU et HORIZONS d'EDOUARD PHILIPPE ?

A part les boomers en EHPAD, je ne vois pas ?

LA FAMILLE ET LE CLAN LE PEN

C'est quasiment un jeu de sept familles.

Vous avez le grand-père, la fille, la petite-fille, la nièce et le gendre, sans compter les cousins, les amis et les ex-compagnons ou maris et femmes...

Bref, rien à voir avec l'intérêt des Français. En revanche, sur le plan « carriérisme », ce sont les plus forts. Je pense que la devise familiale doit être : « A la soupe ! ».

Reconnaissons néanmoins que cet adage peut néanmoins être appliqué à toutes les femmes et hommes politiques des forces politiques en présence ; ce sont tous des carriéristes.
Ils et elles ne sont impliquées que pour une seule raison : la gamelle !

Les politiques français sont tenaces, méchants et s'y accrochent à leurs gamelles. Preuve en est : le dégout exprimé par les abstentionnistes de plus en plus nombreux dans notre France.

C'est bien pour cela que nous devons changer impérativement de logiciel politique et de faire table rase de tous ces politiciens qui n'ont que leurs carrières à défendre et malheureusement pas les intérêts des Français.

JEAN-MARIE LE PEN « le Grand-Père » (Président d'Honneur du Front National)

C'est le créateur du Font National, en 1972. Ayant fait la guerre d'Algérie, il est anti de Gaulle, anti franc-maçon, antisioniste et antisémite, caractéristiques qu'il a insufflé constamment à sa famille.

C'est déjà pas mal pour quelqu'un qui se dit être un homme, non ? Ah oui, j'oubliais, il n'aime pas non plus les Arabes et les Noirs. Pour lui, il y en a trop en équipe de France de football, par exemple.

Il est donc absolument à fond pour le choc des civilisations, au même titre qu'Éric Zemmour, d'ailleurs, et sa nièce Marion qui le déclame « haut et fort » sur ses affiches de campagne électorale pour les Européennes 2024.

Le Pen est bien un type d'extrême droite qui a toujours surfé sur « la haine des autres ». Il a cependant exprimé parfois des choses justes sur la démographie ou la politique de la natalité, mais totalement placardisée sous les relents de la bienpensance, surtout de gauche, mais aussi de droite.

Propulsé par François Mitterrand afin de diviser les forces de droite, Jean Marie Le Pen a été un échec politique.

N'oublions pas non plus, qu'il n'a jamais vraiment voulu gouverner. Il a été le premier surpris et désemparé d'être au 2ème tour de la présidentielle 2002.

Dans un déni inouï de démocratie avec une absence totale de débat républicain, toutes les forces politiques en présence, le président de la République de l'époque en tête, Jacques Chirac, s'étaient refusés à débattre démocratiquement.

Ce qui, au fond arrangeait bien les affaires de Monsieur Le Pen craignant trop de gouverner. L'avez-vous entendu ainsi que sa fille, dire et répéter sans cesse ce déni de démocratie. Jamais, au grand jamais, ils ne sont exprimés sur ce sujet. Ils ne font que louvoyer afin d'obtenir des postes de députés ou de responsables politiques, de s'inscrire en qualité de premier parti politique de France au détriment de leurs votants lésés et trompés. Le FN puis le RN n'a jamais voulu gouverner et il ne le veut toujours pas car il est incapable !

Le père et la fille sont inscrits depuis des lustres comme un parti d'extrême droite (pas une seule voix pour Marine Le Pen répétait à moultes reprises Jean-Luc Mélenchon) et ; quand bien même, la fille serait Présidente de la république rien ne changerait ne serait-ce parce que les Français sont modérés et jamais extrémistes, ils votent au Centre !

Par ailleurs, Marine Le Pen et sa clique défendent l'Europe, ils défendent les milliards envoyés en Ukraine, ils sont pour la guerre contre la Russie, ils n'ont jamais vraiment réellement attaqué Macron.

Ce sont de gros incompétents qui n'aiment qu'une seule chose : la soupe selon leur devise familiale !
Ils veulent dézinguer la commission de Bruxelles sans sortir de l'UE mais les pays s'y refuseront.

Il suffit d'un seul veto sur les 27 pour ne pas appliquer le Bruxit ? Déjà vous auriez la Belgique qui s'y refuserait. Hélas ! Les Français ne savent pas ouvrir les yeux et se laissent docilement enfumer par ces intoxicateurs.

A l'âge de 96 ans, Monsieur Le Pen est sorti du système politique, mais a été quasiment 15 années, député européen.

Avez-vous en mémoire de ce qu'il a fait durant ces 15 années ?

Une éternité au profit de l'Europe qui a détruit les nations.

La soupe a été bonne et la Famille LE PEN / RN l'a très bien compris, surtout le très jeune inexpérimenté Bardella qui prend des cours de communication tous les jours.

Lui, il a très vite compris et a appris pour se faire une carrière sympa parce qu'il n'y a plus que cela maintenant qui compte.

On le voit dès à présent avec les millionnaires du gouvernement Macron, ministres et députés compris. Son objectif est d'être président de la République à 35/38 ans. Il n'y a que cela qui compte pour lui. Les Français, il n'en a rien à faire. Il leur fait croire qu'il pense à eux mais, il pense surtout à sa petite frimousse ! Leur slogan nouveau à tous ces petits jeunes et jeunettes : *« Si tu n'es pas Président ou Présidente à 35 ans, tu as râté ta vie ! »*

MARINE LE PEN « La Fille ». (Députée et Présidente du groupe RN à l'Assemblée nationale)

C'est elle que vous aurez aux présidentielles de 2027 si vous allez voter RN et son colistier familial Jordan Bardella, le 9 juin prochain. Tout simplement, parce que les médias mainstream les font tellement mousser en ce moment, qu'ils pourraient l'emporter tellement la France est sans dessus-dessous. Le chaos n'a jamais été aussi proche.

La promotion et la montée en puissance d'Éric Zemmour a eu un effet très important sur le corps électoral français, car il l'a centrisée et adoucie Marine Le Pen. Il l'a dédiabolisée.

Cela peut constituer un atout pour le RN, car le peuple français est de tradition modérée. Madame Le Pen, c'est Melloni en jupons français. Elle fait croire des choses au peuple mais sans sortie de l'Europe, elle se retrouvera pieds et mains liés. Il en va de même pour sa nièce qui ferait, elle aussi, une belle Meloni car toutes et tous préfèrent rester inféodés à l'Europe asservie aux Etats-Unis d'Amérique.

Avez-vous vu Marine Le Pen au second tour de la Présidentielle 2022, mettre le nez de Macron dans son caca en lui exposant tous les méfaits dont il est responsable ?

Lui a-t-elle parlé de son bilan catastrophique ? Non ! Rien de rien ! Au contraire, elle l'a quasiment félicité pour son rôle avec l'Ukraine. De là à ce qu'elle soit une fausse opposante à Macron, il n'y a qu'un pas, et Bardella avec !

Quant à Bardella, bien fait de sa personne, ce gamin de 28 ans, ne fait que suivre des cours de « média training » à chaque journée qui le transforme et métamorphose chaque jour en excellent débatteur, mais pour le reste, c'est zéro !

Aucune expérience. On reste dans la tradition des pays occidentaux où il n'y a que des brelles à la tête des gouvernements.

Ces gens ont passé un pacte avec le Diable. (Cf. Conférence Asselineau : *« Pourquoi cet étalage de blancs-becs en Occident » ?)*

Le rendez-vous en 2027 avec MLP sera d'une déception inextricable, car si elle devait gagner, le peuple verra malheureusement très vite une trahison à la même sauce que Georgia Melloni.

Députée française depuis le 21 juin 2017 (presque 7 ans déjà), les habitants du Pas-de-Calais, peuple que je connais très bien puisqu'étant originaire de ce département je connais ces personnes très travailleuses, empruntes de bon sens, mais sans cesse trompées par les politiciens qui sont passées, en effet, de leur Gauche traditionnelle au Rassemblement National.

Avocate de formation, elle est incapable à la fois de plaider pour sa propre cause mais aussi pour la France.

Nous l'avons vu lors des deux deuxièmes tours des Présidentielles 2017 et 2022 où d'une manière générale, elle s'est « mélangé les pinceaux » avec l'euro puis cinq années plus tard n'a pas été en mesure de défendre son propre programme ni d'attaquer celui de Macron.

Et vous pouvez penser encore qu'elle ferait une présidente de la république en 2027 ?

Il faut vraiment être naïf pour penser cela. Et Bardella ne fera pas mieux.

Alors si vous voulez continuer à tourner en rond, votez pour eux, et ne venez plus vous plaindre. Mais progresser c'est savoir aussi se remettre personnellement en question !

Rappelons qu'en 2017, elle a démontré sa totale incompétence et en 2022, elle a même félicité Macron pour son investissement dans la guerre OTAN/UE/FRANCE/UKRAINE contre la Russie. Elle aurait pu attaquer Macron sur son programme, mais que nenni !

Plus nulle que Marine Le Pen, tu meurs ! D'ailleurs, elle le sait elle-même et elle ouvre désormais sa bouche de manière uniquement épisodique. La caractéristique de son parti RN est d'être dans une opposition molle, sans aucune proposition, sans aucune objectivité, sans aucune stabilité, allant dans le sens du vent, ne sachant jamais ce qu'il faut dire.

Son seul recours, c'est son gendre, Jordan Bardella plus populaire qu'elle, mais ne vous y trompez pas, il n'y a pas lieu de s'épancher sur son cas qui n'est qu'une coquille vide sans aucune expérience ni maturité.

MARION MARECHAL « La Petite Fille et La Nièce ». (Présidente exécutive de Reconquête).

Oh ! Quelle belle princesse que voilà ! Très belle jeune femme, toujours souriante, semblant être d'égale humeur surtout devant les médias, ne s'emportant jamais, plein de charisme, les Français l'appellent Marion parce qu'ils l'aiment.

Très populaire, 20/20 en communication, excellente oratrice, elle a d'abord appartenu au Front National de sa tante Marine et a été la plus jeune députée de l'Histoire de France à 23 ans (de 2012 à 2017).

Biberonnée aux idées antisémites, antiarabo-musulmans de son grand-père, elle est comme sa tante, anti de Gaulle avec un fort ascendant « Petit-Clamart ».

Comme son alter ego masculin du RN, Jordan Bardella, ils ont « TOUT FAUX » ! Ils parlent uniquement de politique intérieure et méconnaissent totalement les affaires étrangères et la géopolitique.

Ils ne vous en parleront jamais car ils ne savent pas en parler. Ils surfent sur les misères des Français et des divisions intérieures dans le pays.

Leur problème, c'est en résumé le voile islamique mais, par exemple, le prince Mohammed ben Salmane, premier ministre d'Arabie saoudite fait prendre une décision nationale ayant valeur de fatwa afin d'interdire le voile dans son pays..

Entendez-vous RN et Reconquête se saisir de cette opportunité pour dire qu'il y a donc des solutions en France ? Non, certainement pas ! Ils ont bien trop intérêt à surfer sur leur fonds de commerce qu'est la division des Français…

Les affiches du nouveau parti « Reconquête » où Marion Maréchal ne parle que de choc des civilisations, qui ne peut tendre que vers des guerres inéluctables n'a rien à voir avec les élections européennes. Les élections européennes de 2024 ne devraient prendre en compte que deux éléments majeurs, l'aspect économique et savoir une fois pour toutes si l'UE c'est la guerre oui ou non ?

Quant aux flyers et tracts délivrés ici et là pour le soutien aux agriculteurs, ce n'est encore que mensonges, car pour aider les agriculteurs, il n'y a qu'une seule solution : sortir purement et simplement de l'UE.

Les agriculteurs ne sont pas dupes sauf Arnaud Rousseau, Président du syndicat agricole majoritaire, la FNSEA qui lui, ne se suicidera jamais.

Européiste convaincu, il ne défend aucunement les agriculteurs. Il est dans le système et ne rend aucun service aux agriculteurs.

Les agriculteurs doivent impérativement voter UPR aux prochaines élections européennes s'ils veulent sauver leur peau en élisant en 2027 Monsieur Asselineau, président de la République.

Le parti « Reconquête » est ABS-OLU-MENT contre le Frexit !!!

Leurs militants qui souhaitent, à juste titre, voir revivre la France, n'ont pour credo que haine des arabes et des noirs !

Mais ce n'est pas cela le problème français ; la solution pour la France, repose selon mon point de vue, sur trois piliers :

1/ la sortie du triptyque UE/EURO.OTAN

2/ L'union des gauches et droites dans le cadre du Conseil National de la Résistance de 1943/1944

3/ La cohésion des civilisations sur les plans « stratégie » et « géopolitique ».

Chez Reconquête, la diversité leur est impossible à vivre. En ce sens, ils ont des œillères et ne s'aperçoivent pas que depuis l'essor des BRICS +, le monde a changé.

Ils ne pourront pas se remettre en question tellement leur haine est profonde. Et ainsi, vous feront perdre un temps précieux pour les années à venir où le déclin de la France ne pourra que s'accentuer inexorablement…

Reconquête est un parti d'extrême droite, qualifié ainsi, par la préfecture de police de Paris. Ses militants sont sectaires.

Quand je parlais de Monsieur Asselineau, soit ces derniers me clouaient le bec en me disant que celui-ci ne voulait pas s'allier à Philippot, ou bien alors que ce n'était qu'un homme de dossiers et qu'il ferait juste un très bon ministre.

Quand vous prenez ça dans la figure, vous vous dites que le peuple ne comprendra jamais rien.

Ils me répondaient également que personne ne le connaissait, qu'il ne pouvait pas réussir et qui représentait que 2/100 -ème des voix.

Ils me disaient également qu'il était homosexuel, alors qu'il est marié depuis plus de trente ans et qu'il a plusieurs filles...

D'autres m'ont même dit qu'il était « autiste » du fait qu'il savait trop de choses…Que n'ai-je point entendu de ces Français ?

Ces gens-là ont une caractéristique commune : la haine !

Que n'ai-je point entendu comme critiques mais heureusement, j'avais étudié qui était vraiment Monsieur Asselineau ; je savais répondre car je connaissais à la perfection ses analyses. C'est pour cela que je confirme bien que les militants « Reconquête » sont des gens sectaires plus par bêtise que par réflexion…

De plus, certains d'entre eux s'infiltrent dans les conférences de Monsieur Asselineau en récitant toujours la seule et unique question, à l'endroit du président de l'UPR, à savoir :

« Pourquoi Monsieur Asselineau ne cherchez-vous pas à rallier l'union des droites et le parti des patriotes de Monsieur Philippot ? ».

Tout est dit, ces militants possèdent des œillères qui leur empêchent de voir et/ou de constater les avis et analyses contradictoires, à supposer encore qu'ils les aient consultés...

Le sujet n°1 des militants de Reconquête est l'immigration et ce parti n'évoque uniquement les conséquences et ne réfléchissent jamais aux causes.

Or, les causes de l'immigration sont liées à l'Union Européenne dont Reconquête ne veut pas sortir.

C'est là où se situe le drame ! Les militants de « Reconquête » ne se rendent même pas compte qu'ils sont manipulés. Qu'ils s'interrogent : qui finance l'immigration ? Et ils verront plus clair ! Qu'ils regardent les origines des fonds qataris et américains...

Par conséquent, je dis à mes lecteurs : « Pas une seule voix à Marion Maréchal lors des Européennes 2024 ».

JORDAN BARDELLA « Le gendre »

Député européen depuis 2019, à l'âge de 23 ans, qu'a-t-il fait au sein de l'UE : RIEN !

Il s'intègre très bien dans les analyses de la vidéo précitée de 53 minutes « Pourquoi cet étalage de blancs-becs en Occident » ? diffusée en 2023 par Monsieur Asselineau et ayant fait l'objet de 360 000 vues au jour de la rédaction de ce livre.
Celles et ceux qui voteront pour ce jeunot aux européennes de 2024 se fourvoient et reculeront à nouveau notre Libération Nationale.

Aujourd'hui, Monsieur Bardella est propulsé par les médias qui défendent son charisme, et son sens de communication mais derrière ça, il n'y a rien.

Voter pour lui c'est reculer pour mieux sauter…D'ailleurs, il défend obstinément le soutien à l'Ukraine. Il ne représente aucune opposition à Macron. Il trompe son électorat qui n'en peut plus.

RECONQUETE, ERIC ZEMMOUR ET SA VICE PRESIDENTE : MARION MARECHAL

Zemmour a bénéficié d'un temps de parole totalement inédit et indécent sur Cnews lui permettant de se construire en tant qu'homme politique (merci le milliardaire Vincent Bolloré).

Ne parlant que d'une seule idée fixe celle du grand remplacement en évoquant les conséquences sans jamais parler du pourquoi de l'immigration, Monsieur Zemmour a redonné beaucoup d'espoir à une certaine France mais je pense qu'il ne connait pas la politique.

C'est un métier qu'il ne sait pas faire et il aurait mieux fait de rester journaliste, éditorialise et essayiste où il excellait. Aujourd'hui, il se fourvoie en défendant l'Ukraine ; triste conclusion…

Le temps de parole qui lui a été accordé par son ami milliardaire Vincent Bolloré et l'intermédiaire de la chaine télévisée de système brouille les cartes dans les esprits des Français.

Chose très importante, il est à noter que les élections sont directement proportionnelles aux temps de parole accordés. Éric Zemmour et ses colistiers ont surfé sur une vague de patriotes qui aiment leur France et ont été très sincèrement convaincus du discours du Président de « Reconquête » sauf, qu'en résumé, il ne parle que de la détestation des arabo-musulmans sous-tendant une guerre civile inéluctable.

Cerise sur le gâteau zemmourien, « Reconquête » ne parle que de sujets d'ordre de politique intérieure et ne veut absolument pas entendre le mot « Frexit » défendant ainsi le capitalisme outrancier de son ami milliardaire qu'est François Bolloré.

Zemmour et Maréchal ne veulent pas sortir de l'UE, ni de l'euro ni de l'OTAN. Ils veulent fournir des armes à l'Ukraine et envoyer nos soldats combattre contre la Russie. Ils n'ont pas compris que l'UE c'est la guerre et qu'il faut en sortir.

N'oubliez plus jamais cela quand vous serez tentés de voter « Reconquête ».

LES PATRIOTES de FLORIAN PHILIPPOT

Au même titre que Nicolas Dupont-Aignan, Florian Philippot figure dans le même combat, celui de l'union des droites avec Éric Zemmour.

Ce sont des gaullistes « en peau de lapin ». Je les plains. Ce sont tous trois des carriéristes.

Je suis allé à une des réunions de F. Philippot dans le Var, emmenée par une relation où j'ai pu constater ce qu'il avait dans les tripes. Il n'a vraiment rien dans le ventre.

C'est vraiment un faux-cul. Il a évincé et totalement découragé la déléguée départementale pour placer son diktat familial au sein de son bureau national. Il a agi exactement comme la famille Le Pen priorisant sa communauté aux intérêts des Français.
C'est quand on est sur le terrain comme je le suis que l'on voit les réels détails qui vous construisent une opinion.

Ses vidéos et ses manifestations antivaccins et anti passe sanitaire ont été uniquement destinées à ratisser large, gagner beaucoup d'argent pour son parti, et à uniquement promouvoir son image à contrario de Monsieur Asselineau qui s'expose uniquement gratuitement.

Voyons un peu, ce que ce Monsieur Philippot a dans le ventre, à défaut d'en avoir dans la cervelle, copiant et plagiant x, y et z, au même titre que tous les autres souverainistes d'ailleurs, et vice et versa.

Les carriéristes et souverainistes « politiques » sont nombreux, ils sont une trentaine.

Posez-vous la question, pourquoi ils ne font pas union entre eux ?

Au lieu de chercher « la petite bête » où elle n'existe pas, à savoir : pourquoi Asselineau ne fait-il pas alliance avec Philippot ?

Exposé dans ces termes, c'est prendre le problème à l'envers : il y a les fainéants qui refusent de regarder en profondeur les analyses d'UPR et les autres, aux esprits étroits, qui ne cherchent que la solution de facilité dans des manifestations stériles.

Deux qualificatifs me viennent à l'esprit. : leur égo et leur carriérisme. Qui sont-ils ? Dordje Kuzmanovic, Emmanuel Todt, Jean-Frédéric Poisson, Florian Philippot, Nicolas Dupont-Aignan.

Le paradoxe chez eux, c'est que l'immense majorité d'entre eux ne veulent pas sortir de l'UE et d'ailleurs, ils sont divisés du fait tout simplement de leur carrière individuelle.

Par ailleurs, regardons d'un peu plus près cette fameuse réunion parisienne effectuée récemment à la Tour Montparnasse le 10 novembre 2023 à laquelle Monsieur Philippot a jeté le masque ayant accouru au coup de sifflet de l'Oncle Sam, de Zemmour, de Dupont-Aignan et de Jean-Frédéric Poisson mais aussi, ce qui est plus grave, de l'ingérence américaine du nouveau président de la Chambre des Représentants américaine - Mike Johnson, du parti républicain) - flanqué de Madame Kristi Noem, donnée comme future vice-présidente aux côtés de Donald Trump.

Cette réunion politique *(cf. vidéo sur upr.tv intitulée « Dupont-Aignan et Philippot jette le masque »)* effectuée en vase clos, appelée « *Worldwide Freedom Initiative* » (notez-bien l'appellation américaine de ce mouvement) où aucun responsable UPR n'a été invité ni convié ni approché, s'est déroulée toute la journée du 10 novembre 2023.

Elle comportait des droits d'entrée de 650 euros et pour ceux qui poursuivaient jusqu'au diner, ils devaient débourser la somme de 1 100 euros (total : 1 750 euros).

Ce qui a été extraordinaire dans cette réunion, c'était le contenu, puisque les débats ont été inaugurés par Monsieur Zemmour sur les thèmes de « L'union de la droite pour parvenir au pouvoir » et tout ceci ; pour clôturer la journée post-diner, un second thème portant « Le soutien inconditionnel à Israël ».

Posons-nous cette réflexion : placer un discours politique français sous l'égide de très hauts dirigeants américains, c'est quand même fort de café, non ?

Autre question de bons sens : aujourd'hui, les macronistes et leurs pseudos opposants font la chasse aux sorcières en explicitant qu'il existe en France de nombreux pro-Poutine mais ils ne parlent jamais de la question : « qu'en est-il des politiques américains infiltrés en France » ?

Il se trouve que grâce au général de Gaulle, nous n'avons plus d'unités militaires hormis la totalité des politiques français atlantistes et européistes. Hélas, ce n'est pas le cas dans les autres pays d'Europe, en particulier, l'Allemagne où les unités militaires américaines subsistent...

Il se trouve que si Monsieur François Asselineau a fait la vidéo sur la réunion à Montparnasse évoquée plus haut, c'est parce qu'il a été directement attaqué par un journal de la presse quotidienne régionale, en l'occurrence « Sud-Ouest » qui a consacré un long article « non signé » dans lequel Monsieur Asselineau avait été cité.

Je vous cite ci-après l'article de ce journal : « *Absent, François Asselineau, qui organise le lendemain l'université d'automne de son parti l'UPR avec deux tables rondes ayant pour thèmes ''L'Occident est-il fini ?'' et ''L'Occident va-t-il disparaitre ?'', deux intitulés, qu'organisateurs et participants au Worldwide Freedom Initiative n'auraient pourtant pas renié.* »

Constat : ce journal « Sud-Ouest » qui ne parle jamais de Monsieur Asselineau, rédige cette fois-ci un article de presse où il amalgame le président de l'UPR au groupuscule Zemmour - Philippot - Dupont-Aignan !

Il va de soi que Monsieur Asselineau a aussitôt rédigé une correspondance à ce journal misérable qui n'a jamais daigné répondre. La presse française est une honte !

Il faut savoir qu'après la vidéo dénonciatrice de Monsieur Asselineau ; Philippot a fait une vidéo de réponse pleine de menaces ; ce qui prouve qu'il était vexé des révélations à son encontre…

Vidéo que Philippot a vite fait de retirer de sa chaine youtube tellement il se sentait merdeux.

Voyons désormais, d'autres fourberies de Monsieur Florian Philippot. Il n'en est pas à une près, n'en déplaise à Myriam Palomba, pro-Philippot, qui a d'ailleurs exprimé son agressivité envers François Asselineau sur Bistro Libertés - TVL- du 06 Avril 2024.

Né en 1981, Monsieur Philippot a adhéré au Front National en 2011 à une époque où l'Union Populaire Républicaine de Monsieur Asselineau avait été fondé bien avant soit le 25 mars 2007.

Très rapidement nommé vice-président du parti d'extrême droite Front National avant que celui-ci se dédiabolise pour devenir Rassemblement National, Monsieur Philippot n'a jamais su « où il habitait ».

Défait aux élections législatives de 2012 en Moselle et aux élections municipales à Forbach, il sera élu député européen en 2014. Accumulant les échecs électoraux, il ne sera pas réélu en 2019 en qualité de député européen. Cela est très certainement bien tombé car lorsqu'il était député européen, il n'a jamais strictement rien fait, au même titre d'ailleurs que son ami Jordan Bardella.

C'est en quittant le Front National en 2017 pour créer son parti « Les Patriotes », plagiant 80% du programme de l'UPR, sauf pour la sortie de l'OTAN que Monsieur Philippot décidera de le faire bien plus tard, carriérisme oblige, qu'il ne demandera pas à rejoindre les rangs de l'UPR, afin de s'imaginer en futur Président de la République.

Moins charismatique que son confrère Bardella, il se présentera donc aux Présidentielles de 2022 où il n'obtiendra qu'un seul et petit malheureux parrainage sur les 500 nécessaires. Il échouera, à nouveau, lors des législatives 2022.

L'avez-vous entendu à cet effet se rebeller contre cette injustice ?
Non ? Pourquoi ? Réfléchissez un peu. Ce n'était pas de son intérêt car il avait la certitude d'être reçu sur les chaines de télévision de système dont Cnews, en particulier. Cela compense bien cela. Il échouera, à nouveau, lors des législatives 2022.

Mû par son arrivisme, Monsieur Philippot se cherche et préfère détruire plutôt que construire.

Frexiteur mais bien longtemps après Asselineau, il a adhéré depuis peu à la sortie de l'OTAN.

Monsieur Philippot est un élément diversif qui passe sur Cnews où l'objectif principal est d'éliminer et d'invisibiliser l'UPR en complicité avec les autres médias traditionnels. Français, réveillez-vous !

La preuve en est flagrante lors d'un entretien sur BFM TV où Jean-Jacques Bourdin, avant d'être rattrapé par des tentatives d'agression sexuelle, lui posât cette question : « *Monsieur Philippot, vous êtes le seul à vouloir le Frexit ?* ».

Réponse de l'intéressé : « *OUI* ».

A nouveau, Monsieur Bourdin lui repose la même question : « *Vous êtes vraiment le seul ?* ».

A nouveau, Philippot répond par l'affirmative.

Il est à noter l'immense mauvaise foi de ce journaliste Jean-Jacques Bourdin qui aurait dû lui répondre :
« *Etes-vous vraiment sûr Monsieur Philippot d'affirmer cela car j'ai reçu à deux repises, il y a deux trois mois Monsieur Asselineau qui disait qu'il souhaitait le Frexit* » ? …

Mais Philippot est un faux-cul et il répondra qu'il est le seul et l'unique !

Par la suite, empêtré dans ses affaires judiciaires où le journaliste Bourdin qui s'est inscrit par le passé comme « un champion du slip », il sera à nouveau embauché par des copains journalistes pour œuvrer au sein de Sud Radio…

Et après cela, les journalistes penseront que ce sont des mal-aimés de la population. Pour moi, ils sont aussi pires que les politiques car ce sont des menteurs-professionnels (merci Monsieur Upinski).

Pour moi, les journalistes sont autant responsables du déclin de la France que les politiques.

DEBOUT LA FRANCE avec NICOLAS DUPONT-AIGNAN

Alors avec lui, c'est : « surtout pas de vagues » comme il le laisse entendre ! Selon lui, il faut avancer à visage masqué, c'est son credo !

J'ai assisté également à une de ces réunions à La Seyne sur mer où je lui ai posé la question de la sortie de l'Europe.

Réponse : *« il faut avancer très prudemment sur ce sujet au risque de se faire invisibiliser par les médias »*. Tous des lâches !

Il n'a jamais rien compris en ce qui concerne l'Europe ? C'est peut-être seulement maintenant qu'il commence, peut-être, un peu à comprendre que l'UE ce n'est pas la paix mais la guerre !

Que l'UE n'est pas non plus l'essor économique mais son grave déclin ! Il va encore persister en disant qu'il faut changer l'UE et non pas en sortir. Il ne faut surtout pas voter pour lui.

Cela fait plus de 25 ans qu'il ne sait pas où il habite ! Un coup, copain avec Philippot ; un autre coup, se voyant 1er ministre de Marine Le Pen, si ce n'est pas du carriérisme ça ?...

Comme Marion Maréchal et Jordan Bardella, Dupond-Aignan a un beau sourire et génère de l'empathie, mais ce n'est pas avec ça que l'on gère la France et encore moins les affaires internationales.

Il voulait être le Premier Ministre de Marine Le Pen aux Présidentielles de 2022, du grand n'importe quoi, ce qui prouve ses inconstances et surtout son souhait d'être aux commandes ministérielles voire présidentielles. Que de l'opportunité politique ! A méditer…

Comme tous les autres, c'est un carriériste. En politique depuis plus de trente années, qu'a-t-il fait ? Qu'a-t-il défendu ?

Comme Philippot qui a retourné sa veste à plusieurs reprises, Monsieur Dupont-Aignan a lui aussi été opportuniste dans plusieurs camps différents : RPR, RPF, UMP, DLR, puis enfin DLF…

Comme Philippot, il ne sait pas où il habite. Tantôt dans des alliances avec le RN, aujourd'hui avec Les Patriotes de Philippot sans jamais réellement se prononcer. Il est trop instable car sans réelle définition.

Comme Éric Zemmour et Marion Maréchal, il ne sait parler que de problèmes sociétaux sans se rendre compte que l'essentiel est bien plus compliqué, celui des Affaires Etrangères de Macron « des Affaires Européennes et - accessoirement - des Affaires Etrangères ».

A l'image de Zemmour, Maréchal, Philippot, Le Pen, Bardella et la totalité des trentaines de souverainistes qui se cherchent un nom et une identité, Nicolas Dupont-Aignan est un nain en comparaison de François Asselineau !

NUPES (Nouvelle Union Populaire Ecologique et Sociale) regroupant La France Insoumise, le Parti Communiste, le Parti Socialiste, l'Europe Ecologie Les Verts)

Comme pour le Rassemblement National, la « soupe est bonne » pour ces partis politiques ! Ils ont compris que l'écologie est porteuse d'avenir en postes ministériels, c'est une grosse part du gâteau politique !

Tout le monde se les arrache. C'est dans le vent et c'est moderne ! Ils se partagent le gâteau au détriment des intérêts du Peuple.

Eux-aussi se rangent dans la caste des pseudos opposants. Ils font honte à la gauche et à l'écologie universelle.

Ces partis ne veulent pas sortir ni de l'UE ni de l'EURO ! Ils se défendent d'être de gauche mais, continuent à se faire complices de ceux qui font souffrir les Français.

Ils sont indécis et entrainent leurs militants dans la défaite. La victoire c'est une Libération Nationale mais il n'y a que l'Union Populaire Républicaine qui a tout prévu dans sa Charte fondatrice et son programme présidentiel disponibles sur upr.fr !

Si le choix de la NUPES avait été d'exister en dehors de l'Europe, leurs militants auraient gagné leurs revendications sur les retraites et bien d'autres recours encore…

Malheureusement, leurs responsables politiques grassement rémunérés sont désarmants de médiocrité. Ils veulent demeurer européistes et par voie de conséquence atlantistes.

Ils sont pour la guerre contre la Russie et prêts à envoyer vos enfants sur le futur théâtre d'opérations guerrières. Car soyez tranquilles, eux-mêmes ni leurs enfants ne sont pas programmés pour y aller…**AU SECOURS JEAN JAURES !**
Qu'ils essaient au moins de comprendre qu'avec le nouvel ordre mondial, le demain et le futur des BRICS +, tout changera et commenceront à comprendre comment ce monde leur échappe.

Il faut néanmoins reconnaitre que LFI et le PCF sont les moins va-t'en guerre du paysage politique français.

Néanmoins, il faut être réaliste pour les élections européennes de juin 2024. Si vous voulez changer radicalement de logiciel politique, enfants de gauche, ne leur accordez plus aucune voix électorale mais voter plutôt pour l'Union Populaire Républicaine qui vous assortira et accordera un meilleur avenir ; car, c'est bien de cela qu'il s'agit : DE VOTRE AVENIR.

LE PARTI SOCIALISTE avec RAPHAËL GLUCKSMANN

Le charlot des charlots qui essaie de faire survivre le « parti socialiste ». Le PS, en voie totale de disparition, qui a voté pour l'UE et l'euro ne fait que se discréditer depuis des décennies et les exemples de personnalités détestées des Français, Hidalgo en tête, se battent au portillon pour gagner la timbale du champion le plus mauvais.

Si cela fonctionnait avec les socialistes, ça se saurait depuis belle lurette (Cf. citation du général de Gaulle en début de chapitre).

Aujourd'hui, Monsieur Glucksmann ne veut pas intervenir sur Cnews car il considère qu'Éric Zemmour a totalement été créé par cette chaine TV aux mains d'un milliardaire. Il a totalement raison mais c'est bizarre, c'est la première fois qu'il le dit de manière tout à fait opportuniste juste au moment des élections européennes.

Pourquoi ne l'a-t-il jamais révélé auparavant ? Pourquoi n'a-t-il jamais dit que les élections depuis plusieurs années étaient directement proportionnelles au temps de parole ?
Pourquoi ne l'a-t-il pas dit en 2017 ou 2022 ? Pourquoi son opportunisme politique ? Pourquoi n'a-t-il jamais dit ceci, alors que, Monsieur Asselineau, invisibilisé des médias, l'affirme depuis 17 ans ?

Aucune voix pour ce socialiste imposteur ne doit lui être accordé.

LA FRANCE INSOUMISE avec MANON AUBRY

A 34 ans, c'est la Jordan Bardella ou la Marion Marechal de Gauche !!! Elle prend au quotidien des cours de communication pour mieux enfumer le Peuple…

Tout dans l'intox avec son slogan « La force de tout changer » fait que RIEN NE CHANGERA JUSTEMENT SI ON NE SORT PAS DE L'UE.

Tout est dit ! Quel est son programme ? Il est totalement inexistant : « passez votre chemin Madame Aubry, vous êtes totalement dépassée ».

LES REPUBLICAINS avec FRANCOIS-XAVIER BELLAMY

Les LR comme ils s'appellent ont vendu leurs âmes pour la plupart d'entre eux à la macronie à l'image de la Valérie Pécresse qui a trompé tout son monde lors des élections présidentielles de 2022.

Et les autres exemples sont nombreux : Rachida Dati, Bruno Le Maire, Gérald Darmanin, Éric Woerth et tant d'autres à l'image de leur chef de file, Nicolas Sarkozy devenu, lui-aussi, macronien.
Comme tous les autres, Monsieur Bellamy n'a aucun programme.
Il ne dit, ni ce qu'il va critiquer ni ce qu'il va contester. Pour lui l'UE lui convient. Quelle triste banalité. Le peuple vote uniquement pour des étiquettes politiques totalement creuses de l'intérieur confirmant que rien ne changera.

On comprend mieux le pourquoi de tant d'abstentionnistes à ces élections.

Pas une seule voix ne doit parvenir à cet imposteur atlantiste et européiste.

LE PARTI COMMUNISTE avec LEON DEFFONTAINES

Il est loin le Parti Communiste Français de Georges Marchais qui disait que l'Europe était une construction étatsunienne.

C'était à l'époque où la censure n'existait pas comme aujourd'hui.

Les communistes ont tellement disparu qu'ils sont obligés de s'allier avec les écolos-pastèques, vert en apparence et rouge en profondeur.

Même l'Union soviétique a réussi à faire sa réforme en profondeur pour devenir une nouvelle et grande Russie désormais contestée et agressée par les forces de l'OTAN et de l'UE en tête, et attaquée maintenant par leurs anciens frères communistes.

Après avoir passé en revue ces partis politiques qui n'ont rien à faire sur des élection européennes, voyons maintenant l'UPR.

L'UNION POPULAIRE REPUBLICAINE (UPR) avec FRANCOIS ASSELINEAU

Cela n'a jamais été les Peuples qui font les Révolutions. Ils n'en ont pas le temps car ils vaquent à leurs occupations.

Pour les Révolutions, cela a toujours été les appareils politiques qui exploitent les masses laborieuses.

Pour faire les Révolutions, les peuples n'ont qu'une seule chose à portée de main : LE BULLETIN DE VOTE.

C'est donc pour ce parti qu'il faut aller voter en masse afin de renverser la table et dire NON à cette Europe de la guerre qui s'inscrit dans une perpétuelle et continuelle recherche de la perte de vos identités nationales.

Si l'UPR venait à obtenir 15% au 9 juin prochain, ce ne serait pas seulement une Révolution Nationale ; elle serait de portée tout à fait universelle.

Amies et amis électeurs, profitons de cette opportunité du 9 juin prochain pour mettre un bulletin UPR dans l'urne de vos et de nos bureaux de vote.

L'UPR est le seul parti politique censuré qui revendique la sortie de l'UE depuis 17 ans, soit le 25 mars 2007 avec le seul recours possible : l'application de l'article 50 du Traité sur le Fonctionnement de l'Union Européenne (TFUE).

LES AUTRE PARTIS A CES ELECTIONS : ils sont là pour semer le trouble et disperser les voix.

Ce sont des partis diviseurs afin d'empêcher les gros partis d'obtenir des voix.
Ils sont au nombre de 12 en plus des 7 autres partis précités, ce qui nous porte actuellement à un total de 19 partis souhaitant se présenter aux élections européennes du 9 juin 2024 ; mais d'autre partis peuvent encore se présenter…Il y a de quoi en perdre son latin…Mais c'est voulu, j'en parle dans ma conclusion…

Voyons-les sommairement en détail :

Lutte Ouvrière avec Nathalie Arthaud. Comme sa prédécesseuse Arlette Laguiller qui s'était abstenue au référendum de Maastricht de 1992 qui instituait une Union européenne entre 12 Etats de la communauté d'alors, où le « oui » français l'avait emporté à hauteur de 51%, provoquant, de fait, la défaite du « non » à ce référendum, Madame Nathalie Arthaud est du même combat : celui de ne pas sortir de l'UE, elle adhère au système.

Parti Radical de Gauche de Guillaume Lacroix : ils sont nombreux à être européistes et atlantistes, même la Gauche Radicale qui, ici, essaie de se démarquer de l'autre gauche afin d'avoir une part du gâteau et d'exister. Mais qu'en est-il dites-moi de la France ? Vous vous en vous foutez ? Ah bon ! Vous êtes donc comme Macron alors !

L'alliance Rurale avec Jean Lassalle : pauvre bougre !

Personnage atypique provoquant l'empathie et la sympathie du fait de son originalité, il s'est révélé être un pur et dur macroniste. Traitre au monde paysan, il a perdu son âme et défend son parti pro-européen. J'espère que le monde paysan ne tombera pas dans ce piège qu'on lui tend.

Alliance centriste avec Philippe Folliot : sénateur du Tarn, atlantiste et européiste convaincu, opportuniste et diviseur puisque son parti défend la corrida, la chasse, la préservation des milieux naturels qui n'ont rien à voir avec l'UE.
S'il veut défendre ses points de vue, qu'il demande à en sortir de son UE. Au contraire, son parti est chargé de diviser le nombre de voix au total et pour finir, brouiller les pistes des électeurs.

Territoires en mouvement avec Jean-Christophe Fromantin : encore un diviseur européiste et atlantiste dont les deux idées maîtresses de son parti politique sonnent creux et ne veulent rien dire. Lisez plutôt : d'une part, « s'appuyer sur les territoires pour revitaliser le projet économique et social » et ; d'autre part, « renouveler les acteurs politiques pour irriguer l'action publique des talents ». Ce n'est pas parler pour ne rien dire, ça ?

Parti fédéraliste européen avec Yves Gernigon : c'est le Fou du Roi Macron ! Il est pour refiler et donner notre dissuasion nucléaire à Bruxelles mais aussi faire cadeau de notre droit de veto à l'ONU au profit de l'Union Européenne si chèrement par le seul et unique en 1945 : le général de Gaulle. ILS SONT TOUS FOUS !

Ce monsieur veut la même chose que Macron, brader notre dissuasion et notre droit de veto pour faire de notre France un pays comme les autres en finir ainsi avec la souveraineté française. Un autre Macron qui veut une défense militaire forte avec des armées coordonnées. Bref, son but est une Europe de préparation de guerre dans le cadre du « si vis pacem para bellum » ; si tu veux la paix, prépare la guerre ! Peu réjouissant !

Je pense que ce Monsieur Gernigon doit chercher un poste ministériel. Qu'en pensez-vous ?

Parti animaliste avec Hélène Thouy : elle veut une agriculture européenne innovante, plus végétale avec moins d'animaux d'élevage. Bref, désormais avec elle, vous ne mangerez plus que des haricots verts et des petits pois-carottes. Quelle tristesse pour l'action millénaire de nos aïeux qui ont fait le monde…

Parti Pirate avec Caroline Zorn : quel joli mot que celui de « pirate » pour une défenseure des libertés fondamentales et de la protection des droits. Elle se trompe de chemin. La route dans ce cas présent, c'est de retrouver une totale indépendance nationale en sortant de l'UE. Elle n'a donc rien compris. Au suivant…

Europe Démocratie Espéranto avec Laure Patas d'Illiers : dans son cas il ne s'agit pas de remplacer les autres langues européennes des 27 pays de l'UE mais de les compléter par l'utilisation de l'espéranto afin de faciliter les contacts. J'en perds mon latin …et ma culture…

Europe équitable par Thierry-Paul Valette : il veut se présenter aux élections européennes avec la bannière : « L'Union pour une Europe arc-en-ciel ». Tout un programme !

Les partis écolos :

Ecologie au Centre (Jean Marc Governatori), Ecologie positive et territoires (Yann Wehrling), EELV avec Les Ecologistes (Marie Toussaint), Equinoxe (Martine Cholley).

La soupe est bonne chez les écolos-européistes…Mais ne vous leurrez pas, c'est pour mieux vous diviser mes enfants…

En conclusion, on peut dire que pour obtenir 500 parrainages à l'occasion des présidentielles, c'est la croix et la bannière. En revanche, pour créer des partis en vue des élections européennes, on s'en donne à cœur joie.

Devinez pourquoi ?

Tout simplement, parce que l'Union Européenne est une construction américaine mettant en avant sa devise : **« DIVIDE FOR CONQUER » (DIVISER POUR MIEUX REGNER).**

CHAPITRE SEPT
L'UPR ET SON PRESIDENT : FRANCOIS ASSELINEAU

« J'ai pensé dans de grands et durs moments, à savoir qu'il ne fallait pas renoncer, qu'il fallait combattre, qu'il fallait malgré tout, arracher, pour la France, un morceau de la victoire. »

CHARLES DE GAULLE

(Message de confiance et d'espoir, à l'occasion de sa traversée du désert. Allocution prononcée le 02 août 1956 lors d'une visite à l'Ecole spéciale militaire de Saint-Cyr)

Je pense que le seul et unique gaulliste dans cette France moribonde est Monsieur François Asselineau. C'est pour cela qu'il dérange tant de monde tant dans les politiques que du côté surtout des médias mainstream qui font tout pour l'invisibiliser.

La citation de ce début de chapitre rappelle la traversée du désert que le général de Gaulle a rencontrée et subie de 1946 à 1958.

Celle que subit François Assellineau est bien plus aigüe car elle dure depuis 17 ans. Ce qui prouve désormais l'immense pouvoir détenu par la presse écrite et télévisée. Ces médias insultent en permanence le peuple et l'empêche de bien comprendre les choses politiques. Ils leur cachent LA VERITE.

Asselineau est une obsession morbide pour ces médias parce qu'il représente ce qui ne doit pas arriver. Les médias veulent des opposants de complaisance…

A l'UPR, les gens qui composent ce parti politique sont divers et variés appartenant à toutes les classes sociales.

L'UPR s'enorgueillit d'avoir en effet des gens de tous les horizons : des ouvriers, des salariés agricoles, des retraités, des instituteurs, des professeurs, des chercheurs, des cadres moyens, des cadres d'entreprises, des agents de maitrise, des cadres supérieurs, des professeurs d'université, des gens de droite, des gens de gauche, des gens d'extrême droite ou gauche qui ont compris qu'ils leur fallaient recouvrir leur souveraineté et leur indépendance…

Aujourd'hui, malgré tous ces freins mis à l'encontre de l'UPR et depuis que Monsieur Asselineau prêche sa bonne parole sur les chaines alternatives d'internet youtube, les peuples se réveillent et les médias commencent à craquer.

Ainsi, en Slovaquie, par exemple, Robert Fico a réussi à devenir Président du gouvernement de son pays grâce aux réseaux sociaux et en dépit du boycott absolu des médias à son égard.

Un autre exemple de réussite par les réseaux sociaux, cette fois-ci, cela se passe en Inde où les Indiens se sont mobilisés pour voter contre ce que leur disaient les médias classiques en élisant Narendra Modri.

Même les Américains commencent à se rebeller contre un ordre mondial les entrainant, à nouveau, dans de nouvelles guerres.

Les politiques et les médias veulent interdire aux peuples de s'exprimer mais il reste une lueur d'espoir grâce aux réseaux sociaux si d'ici-là le « Digital Security Act » créé par le commissaire européen Thierry Breton n'ait pas eu raison de ces derniers, en voulant absolument verrouiller la totalité des chaines youtube.

Depuis 17 ans, Monsieur Asselineau n'a pas changé d'un seul iota son discours. Pour bien le connaitre, je vous propose de le connaitre à travers ses interventions et /ou entretiens dans plusieurs grandes parties « non exhaustives » que je vous énonce ci-après et que vous pouvez retrouver sur upr.tv.

Ses conférences qu'il faut absolument connaitre car diffusées et commentées avec une pédagogie absolue. Elles vous informent et vous instruisent sur ce qu'il faut absolument connaitre sans que l'on ne vous l'ait jamais enseigné .

Ses entretiens accordés à différentes personnalités.

Ses vidéos sur l'actualité.

Les interviews consacrés à différentes chaines youtube.

SES CONFERENCES.

L'Histoire de France (3h15)
Les « Eurorégions » : allons-nous laisser détruire les Nations ? (4H26)
La Tragédie de l'euro (3h13)
Qui gouverne la France et l'Europe ? (4h15)
Le jour d'après (3h40)
La tromperie universelle comme mode de gouvernance (2h38)
L'Europe c'est la guerre ! (2h36)
Comment sortie la France du désastre en 2017 ? (4h52)
Les vrais enseignements de la première guerre mondiale (2h18)
L'Europe sécuritaire (1h41)
L'Europe, c'est la paie (2h10)
L'Europe, la mise en place d'une dictature (2h01)
L'euro avant, pendant, après (1h56)
10 raisons qui imposent de quitter l'Union Européenne (4h03)
Mais où est passée la République Française, (2h24)
L'euro est-il irrévocable ? (1h03)
L'euro et la crise financière (2h10)
Faut-il avoir peur de sortie de l'euro ? (2h18)

Les 12 impasses de la construction européenne (2h18)
Les origines cachées de la construction européenne (2h18)
Les partis politiques respectent-ils l'intelligence des Français ? (4h11)
Où va l'Europe ? (4h10)
L'influence américaine dans les organisations internationales (3h01)
Le retour au Franc (1h46)
La France face au Brexit (2h46)
Frexit Ecologique (2h255)
La construction européenne est-elle encore démocratique ? (4h59)
Pourquoi l'Europe est-elle comme elle est ? (1h14)
Pourquoi les médias cachent-ils les problèmes de l'euro ? (48mn37)

SES ENTRETIENS

Jean Frédéric Poisson – François Asselineau (53mn01)
John Laughland dénonce les mensonges sur l'après-Bexit (29mn05)
Henri Guaino – François Asselineau (45mn49)
Philippe Murer – François Asselineau (45mn 01)
Fabrice Di Vizio – François Asselineau (53mn41)
Gilles Casanova- François Asselineau (1h10)
Slobodan Despot – François Asselineau (33mn13)
Bicentenaire de sa mort : Faut-il célébrer Napoléon ? 1h33)
Marc Touati – François Asselineau (1h11)
Charles Durand responsble upr pour la francophonie (36mn24)
Les expériences diplomatiques de François Asselineau
Nouvelle-Calédonie : Scandale des référendums à répétition, covid18, requins… (48mn05)

PassSanitaire, Gilet Jaune, Médias : Didier Maïsto (52mn17)
Martinique : Covid 19, Chlordécone, Octroi de mer, Sabotage européen. Entretien avec Sébastien Dubois (42mn53)
La France vue par un intellectuel iranien : entretien avec Reza Afchar Naderi (26mn44)
Agricultures, Territoires : entretien avec Pierre Thomas maire et président du mouvement des exploitations familiales (52mn08)
Entretien avec François Weil du Cercle Duclos : peut-on être communiste et souverainiste ? (24mn01)
Les Allemands ne se cachent plus de mépriser Macron et la France ! (21mn01)
L'amitié multi-séculaire franco-syrienne peut-elle renaître ? (45mn32)
Ubuesque ! L'espace Schengen vu d'Ajaccio -26mn16)
Sébastien Béraud, figure de l'agriculture française, balance tout sur upt.tv(58mn15)
Les Russes, des êtres humains ? Elections présidentielles 2024 / guerre en Ukraine avec Irina Dubois (48mn21)

SES VIDEOS SUR L'ACTUALITE (au nombre de 308 disponibles à ce jour sur upr.tv, seules quelques-unes, les plus récentes, sont listées ci-après) :

A qui profite la mort de Navalny (57mn35)
La guerre des médias contre les peuples (3h29)
Le bal des faux-culs ! (1h19)
Macron a parlé pour ne rien dire (1h20)
France, abandonneras-tu tes agriculteurs ? (16mn19)
Qui propulse Attal ? (31mn12)
L'Occident est-il fini ? Université d'automne upr (2h00)
Conspiracy Watch : Les « oublis » révélateurs de Rudy Reichstadt (25mn55)

Asselineau (UPR) et Toscano (DSP) d'accord pour un soutien mutuel pour les européennes (43mn53)
Accourus au coup de sifflet de Zemmour et d'Oncle Sam, Dupont-Aignan et Philippot jettent le masque (30mn14)

LES INTERVIEWS QU'IL A CONSACREES

Les entretiens donnés par Monsieur Asselineau sont réellement des révélations sur sa personne.

Ils constituent en quelque sorte une biographie à ciel ouvert.

C'est dans celles-ci que l'on perçoit son immense expérience et culture générale mais aussi son humanisme, sa sincérité et son honnêteté.

C'est un grave déni de liberté que font les médias actuels que d'invisibiliser ce personnage qui n'est pas du tout comme tout le monde car tout simplement, parce qu'il est « Un Homme d'Etat ».

Je ne citerai ici que quelques-unes de ces interviews tout à fait remarquables que vous pouvez consulter sur internet :

L'entretien ultime (Pas content avec Greg Tabibian). Durée : 5h40 comprenant :

- Qu'est-ce qui vous a motivé à créer l'UPR ?
- Pourquoi ne pas avoir rejoint un parti existant ? Le traitement médiatique de l'UPR.
- Vous attendiez-vous à un tel traitement médiatique ?
- Est-ce qu'il est trop tard ?
- Défi : dire du bien des Etats-Unis.
- Défi : dire du bien de l'Union Européenne.

- Défi : dire du bien d'Emmanuel Macron.
- Votre amour pour le Japon.
- Comment se passerait une sortie de l'UE / de l'Europe / de l'OTAN ?
- Pourquoi l'Alliance des souverainistes ne se fait pas ?

Les Conversations n°30 de Paul-Marie Coûteaux : « Un Asselineau vraiment très surprenant... » (1h32).

Les Conversations n°32 de Paul-Marie-Coûteaux n°32 : « Justification de l'intransigeance en politique » (1h14)

Les Conversations n° 34 de Paul-Marie Coûteaux n°34 : « Asselineau le mirobolant) (1h49) :

- Le conflit au Fidji.
- Le premier ministre japonais de Fukushima.
- Le Japon sous le boisseau des USA.
- Président de la République.
- Les évolutions démographiques.
- Le scandale du pape.
- Les mentilles de fonction.
- La tempête de sable.
- Les Britanniques.
- Les Européens.
- La francophobie.
- L'enseignement des langues.
- La romancière africaine.
- La langue française.
- Le point-virgule.
- Place de Fontenoir.
- L'Afrique sans la France ?
- Pourquoi ces questions n'arrivent jamais dans les débats ?

- On a vocation à avoir la même politique étrangère ?
- L'Europe ne peut parler d'une seule voix.
- Il y a eu quatre Etats qui ont voté contre.
- Le 21ème siècle sera un siècle de grande migration.

En écrivant ces lignes, je ne peux m'empêcher d'avoir une pensée envers tous les détracteurs que j'ai pu rencontrés qui avaient des propos négatifs, parfois méchants, envers Monsieur François Asselineau. Qu'ils aient été catholiques, royalistes, droitistes, gauchistes, lepénistes ou zemmouriens, je pense que s'ils avaient eu connaissance, ne serait-ce qu'un dixième des analyses et entretiens évoqués, ils auraient été plus convaincus.

Mais vous n'empêcherez pas la volonté d'inculture des Français, vous n'en ferez pas des chevaux de courses car ils préfèrent leurs œillères de bourricots.

MES CONCLUSIONS

S'il devait y avoir une seule ombre au tableau de Monsieur Asselineau, et encore, ce n'est pas même pas d'une ombre qu'il s'agit mais plutôt une faiblesse au regard de son invisibilisation, c'est qu'il n'a jamais écrit d'ouvrage le mettant lui-même en lumière.

Philippot, lui, ne s'en ait pas privé car il n'a fait qu'un seul petit livre pour faire de « la com » comme on dit aujourd'hui où il a seulement réédité un livre en 2023, initialement écrit en 2018 où il ne voulait pas, à l'époque, sortir de l'OTAN.

Mais son livre est réellement sans intérêt car il s'agit plutôt d'anciens règlements de compte avec ses anciens amis d'extrême droite du Front National. Son bouquin est juste destiné à mettre sa trombine en 1ère page de couverture.

A l'occasion de la conférence de Garéoult du 1er septembre 2023 sur le thème « Quel vote utile pour les européennes 2024 ? », je posais une question à Monsieur Asselineau, à la deuxième heure et sixième minute jusqu'à la deuxième heure , septième minute et quarante septième minute :

« Bonsoir Monsieur Asselineau. Une question, et en même temps une suggestion : Incontestablement, vos conférences très pédagogiques et excellentes qui entreront désormais dans la postérité ainsi que d'ailleurs les entretiens que vous avez accordés ici et là, et je pense, en particulier à celui de Greg Tabibian de 5 heures 40 où je n'ai pas vu le temps passer…mais aussi sur d'autres chaines alternatives, je pense à Didier Maïsto ou Idriss Aberkane et bien d'autres…Je pense que même s'il y a des milliers voire des millions d'internautes qui vous regardent, que'' les paroles s'envolent mais que les écrits restent''. A ce titre, ma question est la suivante : ''afin de forcer la porte des médias, pourquoi ne rédigeriez-vous pas un ouvrage, non pas pour parler de la sortie du triptyque ''UE/EURO/OTAN'' mais plutôt un ouvrage afin de dénoncer les Princes du Mensonge car vous le savez très bien, le Grand Prince du Mensonge, c'est Satan. C'est donc simplement une suggestion que je vous donne d'écrire cet ouvrage et quelque soit votre réponse, qu'importe, on continuera à vous aimer ».

La réponse de Monsieur Asselineau fut donnée de la 2 :07 :44 à la 2 :13 :45. En substance, il me répond ceci :

« …j'ai les qualités de mes défauts et les défauts de mes qualités. C'est-à-dire que je suis honnête et que je n'ai pas envie que cet ouvrage ne soit pas de ma main. Je pourrai avoir recours à ce qu'on appelle maintenant ''un prête plume'' qui pourrait faire mon livre mais je préfère le faire moi-même mais ça prend énormément de temps…et pour l'instant, je n'y suis pas parvenu. J'ai projet de sortir plusieurs ouvrages mais je veux le faire de manière incontestable et qui ne prête pas le flanc aux critiques. J'ai bien conscience que je dois avoir quelques livres mais je ne suis pas intéressé par l'argent et de plus, dans le monde d'aujourd'hui, les gens lisent de moins en moins. En revanche, quand je fais une vidéo et qu'il y a 500 à 800 000 personnes qui la visionnent, c'est quand même très efficace. Et l'idée selon laquelle parce que je sortirai un livre, je serai invité à la télé, c'est une idée à se retirer de la tête car je continuerai à ne pas être invité… ».

C'est pour cela que je me suis attelé à la rédaction du présent livre, évidemment avec le talent en beaucoup moins de ce que cela aurait été si cela avait Monsieur Asselineau qui l'avait rédigé.

Qu'importe ! Je me suis lancé dans la rédaction de ce premier livre. J'y ai mis mes idées personnelles qui n'engagent que moi mais au fond, je me suis investi du devoir de militant UPR pour faire connaitre ce mouvement. Et puis, après tout, je me suis rappelé la citation d'Aristote : « Qui peut le plus, peut le moins ».

Mes idées personnelles concernent le rapprochement avec les BRICS +, dans le sens où je pense qu'il y a d'autres voies qui peuvent redynamiser notre France, qui en a bien besoin. A étudier…

CONCLUSION GENERALE

Vous l'avez compris, mon livre n'est ni plus ni moins qu'un tract ou flyer de nombreuses pages au profit de l'UPR.

En effet, cet ouvrage est principalement orienté sur le programme de l'Union Populaire Républicaine dont son président est Monsieur François Asselineau.

Homme d'Etat à mes yeux ainsi qu'à tous ses adhérents et militants mais, aussi à tous ces centaines de milliers mais également millions de personnes qui ont visionné un jour ses multiples conférences, entretiens et interviews.

ASSELINEAU
PRÉSIDENT

Actuellement, tout est organisé pour qu'il n'existe plus de campagne(s) électorales(s). Au même titre que les dernières Présidentielles 2022 où Monsieur Macron s'était joué d'un Grand Président sortant sous couvert du conflit Ukraine - Russie, sans compter la volonté -non dissimulée- de la montée en puissance du méchant RN et sa présidente ultra-incompétente pour mieux l'a manger toute crue, empêchant ainsi l'essor de Reconquête d'Éric Zemmour, les forces macronistes avec la complicité de la France Insoumise, ont fait éclore une nouvelle fois, le roi Macron que désormais 80% des Français détestent.

Quel contraste avec Vladimir Poutine ! Bien sûr, les opposants rétorqueront que la Russie est une dictature mais vous pensez que notre France n'est pas non plus en dictature ? Si vous pensez « non », alors « arrêtez d'invisibiliser François Asselineau ! »

Ces élections européennes de 2024 que je considère personnellement comme des Présidentielles avant la lettre, ne doivent pas vous détourner de leur enjeu important.

C'est pour cela que je fais appel non seulement aux traditionnels abstentionnistes mais aussi aux boomers qui ont voté Macron prenant ainsi le risque d'envoyer leurs enfants et leurs petits-enfants « à la guerre ».

Il faut à tout prix qu'il y ait des députés européens de l'UPR à ces élections sous peine de mort ! Ne serait-ce que pour que l'on puisse commencer à débattre...

La victoire que je vous propose est à votre portée car il vous faut simplement cinq députés soit seulement 5% des suffrages exprimés et seulement sur un seul tour.

La victoire est à votre main car l'oligarchie en place craint cette Libération Nationale que propose ce parti.

Arrivé en fin de lecture de mon appel au Peuple de France, vous l'avez compris : toute l'oligarchie confondue s'emploie à mettre « hors-jeu » l'UPR en la bâillonnant, en la muselant, en la censurant, en l'invisibilisant…

Aujourd'hui, la situation de la France n'a jamais été aussi grave.

La totalité des signaux de notre pauvre France est au rouge qui vous oblige au STOP de votre démocratie et de votre façon de manifester votre ras-le-bol !

Les gilets jaunes, les bonnets rouges, les agriculteurs, que sais-encore, les non vaccinés qu'on a voulu « emmerder », les travailleurs syndiqués, les personnels des hôpitaux, les enseignants, tous les multi-taxés de toutes les professions à qui l'on dit de traverser simplement la rue pour trouver un job, tous ces « sans-dent » qui ne font jamais de politique mais qui ressentent dans leur chair et dans leur vie, au quotidien, sont concernés.

Ils le sont et doivent s'employer le 9 juin prochain à s'exprimer grâce à leur bulletin de vote.

L'état de la France à cause de Macron et de ses pseudos opposants est dans un état déplorable qui risque de s'aggraver si vous n'allez pas aux urnes.

Essayons d'effectuer l'état des lieux actuels :

- Le niveau de vie qui se dégrade.

- L'identité nationale bafouée.

- L'économie bradée par l'Europe.

- L'industrie qui se désinstrualise gravement et totalement.

- L'agriculture en proie au diktat des normes bruxelloises et du mondialisme (à ne pas confondre avec mondialisation) mais aussi de la volonté de Macron et de ses ministres pour importer toute l'agriculture ukrainienne pour sauver une guerre qui ne nous ne concerne pas mais, qui au contraire fait mourir de plus en plus vite nos agriculteurs et notre France.

- Le système de santé qui n'a plus rien à voir avec ce qui existait auparavant et qui a obligé des milliers de médecins à ne même plus mettre en œuvre leur « serment d'Hippocrate ».

- Les services publics qui dématérialisent à outrance n'offrant que des difficultés en occultant et en éliminant les intermédiaires et anciens guichets, et encore, je ne vous parle pas des difficultés rencontrées par les seniors.

- Nos écoles et notre enseignement qui vont à vau-l'eau.

- Notre enseignement supérieur et notre recherche découragé et nivelé par le bas

- Notre culture dans chaque domaine déplorable avec des programmes télévisés abrutissant et d'une médiocrité lamentable. Rien à voir avec la qualité des débats offerts par les chaines alternatives de Youtube.

- L'unité nationale et celle des outre-mer remises en cause de manière dramatique.

- Nos relations internationales et en particulier avec l'Afrique francophone.

Cependant, je fais confiance aux optimistes s'ils veulent bien y songer. Nous avons ceux qui regardent le verre à moitié plein. Il y a ceux qui regardent le verre à moitié vide.

Mais, désormais, vous avez ceux qui regardent le verre totalement vide.

« Redressez-vous ! » comme aurez dit le général de Gaulle.

Nous devons faire barrage à l'oligarchie macronienne et de ses pseudos opposants qui ont laisser passer une dictature sourde que le peuple n'entend pas.

Tous, je dis bien tous ont laissé voter plus d'une vingtaine de fois le 49.3. A ce propos, Zemmour a commencé à perdre de sa superbe lorsqu'il a validé celui-ci dès le début en disant qu'il était très démocratique et constitutionnel. Dès ce moment, il a commencé à ne plus dire : « Ben voyons ».

Rappelez-vous les paroles de 1943 du communiste Joseph Kessel dans son Chant des partisans » repris depuis par les gilets jaunes qui souffraient autour des ronds-points.

« Ami, entends-tu le vol noir des corbeaux sur nos plaines ?
Ami, entends-tu les cris sourds du pays qu'on enchaîne ?
Ohé, partisans, ouvriers et paysans, c'est l'alarme.
Ce soir l'ennemi connaîtra le prix du sang et les larmes.

Montez de la mine, descendez des collines, camarades.
Sortez de la paille les fusils, la mitraille, les grenades.
Ohé, les tueurs à la balle et au couteau, tuez vite.
Ohé, saboteur, attention à ton fardeau, dynamite.

C'est nous qui brisons les barreaux des prisons pour nos frères.
La haine à nos trousses et la faim qui nous pousse, la misère.
Il y a des pays où les gens aux creux des lits font des rêves.
Ici, nous, vois-tu, nous on marche et nous on tue, nous on crève.

Ici chacun sait ce qu'il veut, ce qu'il fait quand il passe.
Ami, si tu tombes un ami sort de l'ombre à ta place.
Demain du sang noir sèchera au grand soleil sur les routes.
Sifflez, compagnons, dans la nuit la Liberté nous écoute ».

Rappelons tout de même que la musique originale était une mélodie russe. Un peuple qui a beaucoup souffert, plus que les autres ! Le chant des partisans a été initialement composée par une Russe, Anna Betoulinky, enrôlée dans les Forces Libres à Londres.

Les Français prennent de plus en plus conscience qu'ils sont dirigés par des incompétents où les erreurs de casting gouvernementaux sont pléthores qui, quand ils ne gouvernent pas à l'aide du 49.3, font diversion afin que l'on ne parle pas des vrais problèmes de la France.

Pour occulter leurs incompétences ministérielles, ces politiques vous invitent à croire désormais en une nouvelle guerre sur le théâtre d'opérations européen. Une obligation à croire pour les Français d'une guerre à vos portes pour laquelle vous allez servir pendant que les mêmes politiques resteront planqués chaussant leurs charentaises.

Les gens de pouvoir, médias en tête, tels que Gilles Bouleau sur TF1 ou David Pujadas sur France 2, sont des va-t'en guerre et malheureusement ils ont de beaux jours devant eux car ce n'est pas, hélas, les vieilles personnes dans leur mouroir-EHPAD qui pourront discerner les mensonges qui leur sont proférés.

Ces gens de pouvoir et d'argent nous conduisent au désastre qui est désormais à nos et vos portes. Ce qui est grave, ce sont les opposants en place qui vont dans leur sens.

Ils craignent pour leur taux d'audience. Ils réagissent sur des points de détail mais, au fond, ne remettent jamais en cause la nomenklatura journalistique car ils se rêvent tous en futur Président de la République vers 35/38 ans, sans jamais qu'aucun n'ait souffert : Gabriel Attal, Jordan Bardella, Marion Maréchal, Stéphane Séjourné plus les autres...Macron l'a fait avant eux. Pourquoi pas eux ?

Ils n'ont peur de rien. Inexpérimentés, ils ne craignent pas de parler du risque nucléaire que l'on vous vend allègrement alors que la Russie est la première puissance nucléaire du monde. Les européistes et atlantistes trouvent cela inéluctable.

Tous ces abrutis vous entrainent dans leur monde occidental décadent où, pensent-ils, qu'après la disparition des peuples, ils se retrouveront les maitres du monde. Ils jouent avec le feu comme des gamins le feraient avec une boite d'allumettes près d'un baril d'essence. Ils livrent des missiles français cosignant leur belligérance auprès de Moscou. On mène les Français à l'abattoir sans accepter les débats politiques contradictoires et la complicité des non-frexiteurs européistes et atlantistes.

Le conflit avec l'Ukraine ne concerne pas les Français. Que cela soit dit, redit et relayé !

Les Français n'ont pas à cautionner la corruption ukrainienne avec la complicité de Macron et de la totalité de ses opposants. Où sont passés les 16 milliards de dons à l'Ukraine ? Encore une fois les journalistes menteurs-professionnels n'en parlent pas. Croyez-moi, la France gronde !

Même des officiers généraux, tous malheureusement en 2ème section comme l'étaient auparavant avant eux les généraux de Place d'Armes qui avaient mis en garde le Président de la République sur le chaos à venir se sont exprimés sur la guerre en Ukraine.

Ces généraux rassemblés dans le « Cercle de Réflexion Interarmées » ont appelé à un cessez-le-feu en Ukraine en mettant en lumière que Monsieur Poutine s'était exprimé à trois reprises lors de l'interview du 8 février 2024 avec Carlson Tucker, entretien censuré par les médias européistes et atlantistes qui veulent vous emmener à la guerre où le chef de l'Etat russe était prêt à négocier avec les cobelligérants…

Nos généraux français demandent de saisir la balle au bond…
Le narratif médiatique et politique qui vous explique que Vladimir Poutine n'est qu'un nouvel Hitler est un message éhonté dont on essaie de faire ingurgiter de force, les âmes et les esprits français les obligeant à aller au front, sinon gare à la nouvelle loi de programmation militaire qui vous menace de 5 ans de prison et 500 000 euros d'amende.

Aucun parti de gauche ni de droite n'a dit que vous pourriez faire valoir vos droits à l'objection de conscience conformément au Code de justice militaire. Où sont passés des artistes comme Maxime Le Forestier qui faisait de l'antimilitarisme son combat des années 1970 où il ne faisait que fréquenter les Tribunaux Permanents des Forces Armées afin de défendre les déserteurs et objecteurs de conscience.

Je me répète : « Français, soyez prudents ! Ne vous laissez pas embobiner par les politiques actuels et votez en masse pour une Libération Nationale défendue seulement par l'UPR ».

Aujourd'hui, certains Français ont ouvert les yeux ; la preuve par les chiffres où les vues sur les chaines de l'UPR se résument à ce jour comme suit :

- 93 millions de vues cumulées sur la chaine upr.tv (énorme pour une seule chaine tv de parti politique).
- 437 000 abonnés X (anciennement Twitter sur Youtube).
- Zéro seconde de temps de parole sur les radios et TV classiques.

Si l'UPR récupère 5% des suffrages requis, il obtiendra 5 députés européens qui ne feront pas du Jordan Bardella ou la Marion Maréchal tous deux prêts à encaisser leurs indemnités extravagantes de parlementaires.

Non, les députés UPR n'iront pas pour faire de la figuration mais pour dénoncer les turpitudes du Parlement européen comme l'avait fait avant eux le britannique Nigel Farrage à l'origine du Brexit.
Les députés européens de l'UPR voteront contre l'intervention en Russie.

France et Allemagne sont en quasi-récession alors que la Russie malgré les dizaines de milliers de sanctions occidentales se trouve en plein essor.

Les petits moutons Français et Allemands, après n'avoir pas dénoncé les sabotages par les Américains des gazoducs Nord Stream, ne peuvent plus s'approvisionner à bas prix et doivent acheter leur gaz naturel à partir de gaz de schiste américain vendu au prix fort sans parler de la destruction de l'environnement avec un silence assourdissant d'Europe-Ecologie.

De même, ces Français et Allemands achètent des hydrocarbures également au prix fort s'obligeant de passer par l'Inde, l'Azerbaïdjan ou la Turquie. Quant aux Etats-Unis, ils importent du pétrole russe.

Tout cela a pour action de baisser et d'aggraver sans cesse, et ce n'est pas fini, le niveau de vie des Français.

Les députés UPR lorsqu'ils seront élus se battront pour faire pression sur le gouvernement français mais aussi envers Bruxelles afin que nous sortions du système délirant du prix de l'énergie avec nos agriculteurs condamnés à mort par l'UE et son complice Macron.

Ces députés se battront pour parler des sujets qui fâchent en étant contre les sanctions envers la Russie, contre l'envoi de milliards à l'Ukraine, contre les accords de libre-échange, demanderont à Van der Leyen de rendre des comptes sur les 41 milliards d'euros de contrats effectués uniquement par courrier électronique afin d'acheter 4 milliards de doses de vaccin (10 doses de vaccin par habitant nourrissons compris).

Il est à noter que les autres députés ont refusé la publication des contrats. Pourquoi ?

Avec des députés UPR, l'invisibilisation sera terminée car actuellement tout est mis en œuvre pour promouvoir des pseudos opposant comme Raphaël Glucksman, très proche des Américains, que les sondages médiatiques propulsent autour des 10%.

Imaginez seulement le 9 juin prochain la tête que feraient Gilles Bouleau de TF1 et David Pujadas de France 2 si l'UPR faisait 7% avec 7 députés, voire plus...

Ce serait à coup sûr le début d'un grand bouleversement politique avec l'explosion du système.

D'ailleurs, la totalité des politiques le sait très bien. Ils craignent ce résultat. Alors, n'hésitez pas !! Propulsez UPR sur le devant de la scène.

Si les Français ont jusqu'à présent négligé de voter aux élections européennes, c'est parce qu'ils pensent que ces élections sont un peu inutiles.

Ce vote inutile RENDONS LE TERRIBLEMENT UTILE en votant UPR pour commencer à renverser la table (Cf de François Asselineau intitulée « *Comment faire pour vraiment "emmerder Macron* » ? »

N'oubliez jamais ceci : les médias vous font et nous font la guerre et au premier chef d'entre eux : les milliardaires qui achètent ces mêmes médias -sans que cela ne leur rapporte rien d'ailleurs- mais, que surtout, leur permettent d'empêcher l'arrivée d'une force politique telle que l'UPR.

FORCES DE GAUCHE, FORCES DE DROITE, VOUS DEVEZ VOUS MOBILISER POUR ENRAYER CES MILLIARDAIRES. POUR CELA ALLEZ VOTER UPR LE 9 JUIN PROCHAIN.

Enfin pour terminer, quand vous irez mettre votre bulletin dans l'urne, ayez une pensée pour Nelson Mandela qui a sacrifié sa vie pour faire éclore se idées alors qu'il fut emprisonné pendant 27 années de son existence…

N'oubliez pas également ceci : un Président de la République qui aime son pays et le peuple sera toujours un excellent Président.

Macron n'aime ni la France ni les Français ! C'est avant tout un européen mais il n'est pas Français.

J'espère d'ailleurs que le prochain Président de la République en 2027, réinstaurera le crime de Haute Trahison…avec effet rétroactif !
N'oubliez pas non plus que Mario Draghi vient de proposer que la seule solution, c'est une Europe d'Etat avec plus du tout aucune Nation, ce qui aura pour incidence pour la France de perdre sa dissuasion nucléaire ainsi que son poste au sein de l'ONU avec son droit de véto, si chèrement acquis par le général de Gaulle tout ceci au profit unique de l'Union Européenne alors que le Royaume Uni, lui, le conservera grâce à son Bruxit...

ANNEXES

Bien que je sois adhérent du parti UPR, je vous rappelle que la rédaction de cet ouvrage relève de mon propre chef et de ma propre initiative.

Je m'inscris, à cet effet, dans le cadre d'un essayiste qui souhaite relater ce qu'il ressent dans son cœur et qui veut le faire partager aux lecteurs.

Je me suis inspiré de mes nombreuses lectures, mais également des connaissances et analyses acquises sur les chaines alternatives d'internet dignes d'intérêt.

A ce titre, je défends les analyses de son président, Monsieur François Asselineau. C'est pour cela que je vous communique ci-après « la Charte fondatrice de l'UPR » qui a été rédigée le 25 mars 2007, sans qu'un seul instant, en 17 années d'existence, vous en n'ayez entendu parler.

S'il n'y avait qu'une seule chose à retenir de l'ouvrage que vous avez entre les mains, c'est bel et bien ce document qui n'a pris aucune ride, rédigé effectivement il y a déjà 17 ans puisqu'à l'heure où je finalise l'écriture de ce livre nous sommes en mars 2024.

Cette Charte fondatrice, incroyable de clarté, de concision, de précision, est un document majeur d'une exceptionnelle actualité encore présente à ce jour.
Ce qui prouve que Monsieur François Asselineau est bien l'homme d'État « visionnaire » que la France a besoin, ne serait-ce que par ses connaissances aigues des affaires tant au niveau national que sur le plan international.

C'est un homme qui a la connaissance du monde, de la France et de son Histoire. Il n'a rien à voir avec la totalité du champ politique d'aujourd'hui.

Par conséquent, je vous laisse le soin de vous délecter de cette lecture.

Charte fondatrice de l'UPR

Réunis en congrès le 25 mars 2007 - jour du cinquantième anniversaire du traité de Rome - des Français de tout âge et de toute condition ont décidé de fonder l'Union populaire républicaine (UPR) afin de rétablir l'indépendance de la France, de rendre sa liberté au peuple français, et de restituer à notre pays son rôle historique de porte-parole de la liberté des peuples et des nations à travers le monde.

Les membres fondateurs sont convenus d'élaborer la présente Charte, qui précise la spécificité des analyses et du programme de l'UPR. Tout adhérent de l'UPR est réputé avoir lu ce document, en partager les analyses et les conclusions, et en mettre en œuvre les orientations.

1. L'analyse de la situation de la France : l'Europe est le problème, pas la solution

L'Union populaire républicaine (UPR) se distingue de tous les mouvements politiques existants sur deux points essentiels :

- D'une part sur l'analyse de la situation de la France ;

- D'autre part sur les moyens de sortit notre pays de la grave crise politique, économique, sociale et morale dans laquelle il ne cesse de s'enfoncer.

Si elle n'est certes pas la cause unique de tous les problèmes de notre pays, la construction européenne n'en est pas moins leur cause principale. Loin d'être leur solution comme on nous somme de le croire depuis un demi-siècle, la construction européenne en est au contraire l'origine. Car elle place les Français sous une tutelle étrangère, qui vide de sens leurs choix démocratiques, verrouille indûment leur avenir, fixe arbitrairement le champ de leurs intérêts, et les plonge indéfiniment et sans raison dans le mépris d'eux-mêmes et une certaine forme de désespoir.

L'UPR est un parti du XXIe siècle qui est, lui, conscient de ce qui se passe réellement en France et dans le monde

Par la diversité d'origine, d'âge, de formation, et de profession de ses responsables et de ses militants, l'UPR n'est pas un parti d'ignorants ou de nostalgiques. C'est au contraire un parti né au XXIe siècle, tout à fait à l'aise avec les technologies de son temps, extrêmement attentif à ce qui se passe ailleurs dans le monde, parfaitement conscient de la complexité des problèmes internationaux, du poids des contraintes économiques, de l'évolution générale du monde et des mentalités, ainsi que de la tradition pluriséculaire d'ouverture et de rayonnement de notre pays.

La plupart des partis politiques développent l'idée selon laquelle les problèmes de la France viendraient du retard pris dans l'adoption de « réformes indispensables », retard lui-même dû à la lenteur des Français à accepter de se mettre au diapason des autres pays du monde. Mais cette culpabilisation lancinante de nos concitoyens est entretenue sans que, justement, ces mouvements politiques ne mènent une étude sérieuse, exhaustive, et sans a priori idéologique, sur les raisons véritables qui expliquent les succès et les échecs des autres pays du monde. Très différente est l'approche de l'UPR, qui fonde ses analyses sur une étude minutieuse et sans complaisance de ce qui se fait ailleurs sur la planète - et pas seulement dans quelques pays d'Europe ou aux États-Unis.

Des analyses précises qui bouleversent les idées reçues

L'UPR est par exemple le seul parti politique français :

- à noter que le processus de construction d'un ensemble politique continental, doté d'un gouvernement supranational comme l'est la Commission européenne, n'est imité nulle part ailleurs dans le monde, où triomphe tout au contraire le principe d'Etat-nation ;

- à relever qu'il n'existe, au vu de toutes les statistiques mondiales disponibles, aucune corrélation entre la taille d'un État et le niveau de vie de sa population ; mais il semble, en revanche, en exister une entre le patriotisme et la croissance économique ;

- à souligner que les entreprises en Europe nouent de plus en plus fréquemment des alliances avec d'autres entreprises à travers le monde, notamment en Asie, pour mieux concurrencer des entreprises d'autres pays européens. Cette tendance lourde de la vie des affaires prouve l'entièreté fausseté de l'argument qui prétend que la construction européenne serait une nécessité économique et industrielle et qu'elle nous permettrait de bâtir des « champions européens » (1) ;

- à clarifier minutieusement le circuit des prises de décision au sein des instances communautaires, la marginalisation de la France, et le poids considérable qu'y jouent les relais d'influence américains ;

- à informer nos concitoyens du coût net, de plus en plus considérable, qu'occasionne la construction européenne sur l'économie et les finances publiques françaises ;

- à démonter, comparaisons statistiques à l'appui, que la France n'est pas dans la situation financière catastrophique que l'on nous annonce ;

- à révéler que bien des pays du monde, à commencer par le Japon et les États-Unis, ne respectent nullement les critères de Maastricht que l'on nous présente pourtant comme un impératif de bonne gestion économique et financière (2) ;

Très lucide sur les problèmes économiques et sociaux, l'UPR fait bien entendu sienne l'exigence de compétitivité et de dynamisme industriel, scientifique et commercial, comme elle fait également sienne la légitime détermination des Français à garder leur système social et leur conception de la vie en société.

Mais l'UPR affirme qu'aucun des problèmes graves que connaît la France ne peut être durablement résolu si la politique menée ne recueille pas l'assentiment clair et massif des Français. Or un tel assentiment ne peut pas être obtenu de nos concitoyens si le pouvoir qui s'exerce réellement sur eux n'émane pas d'une volonté librement consentie de la nation, dans le cadre de choix authentiquement démocratiques. Car on ne peut diriger longtemps la France contre son peuple.

Les blocages de la situation française découlent de l'inavouable - et inavouée - mise sous tutelle étrangère du peuple français

En se fondant sur ce que nous enseignent plus de mille cinq cents ans d'histoire, l'UPR rappelle que le peuple français n'a jamais admis durablement que s'exerce sur lui un pouvoir d'origine étrangère ou dont il ne reconnait pas, au fond de lui-même, la légitimité.

Or, quelle que soit la présentation avantageuse, futuriste, utopique, ou édulcorée que l'on tente d'en faire, il est incontestable que, u fait de l'inexistence d'un peuple européen, l'Union européenne a précisément pour effet de soumettre les Français à un pouvoir d'origine étrangère, d'essence oligarchique, et non élu, dont, au fond, ils ne reconnaissent pas la légitimité. Toute l'histoire de France nous invite donc à comprendre que cette soumission ne peut être que transitoire. Elle n'est pas viable à long terme.

Si les Français ont parfois donné l'impression d'acquiescer à la « construction européenne », notamment lors du referendum sur le traité de Maastricht adopté sur le fil du rasoir, cet accord apparent n'a jamais été obtenu que dans des conditions ambigües, par une intense pression psychologique menaçant nos concitoyens des pires conséquences en cas de refus. Jamais les Français n'ont été avertis, avec franchise et honnêteté, des conséquences négatives très concrètes qu'entraîneraient les transferts massifs de souveraineté auxquels on les sommait de consentir dans la hâte et l'imprécision, comme s'il s'agissait d'une bagatelle. Jamais nos compatriotes n'ont par exemple été mis en garde, de la façon explicite et solennelle qu'il convenait, sur le fait que, dorénavant, les grands choix stratégiques sur l'avenir de la France, en matière de politique étrangère et de défense nationale, dans les domaines sociaux, économiques, monétaires, environnementaux, etc., ne dépendraient plus de leurs votes. Et que, même s'ils se révélaient néfastes (comme nous le constatons bel et bien aujourd'hui) , ces choix décisifs leur seraient continûment imposés, de l'extérieur, par les conducteurs d'un attelage absurde, regroupant bientôt une trentaine d'Etats, où l'influence de la France est devenue marginale tandis que celle des États-Unis d'Amérique, par leurs relais d'influence, y est désormais écrasante.

Accablés par une propagande incessante leur enjoignant d'admettre que la « construction européenne » est tout à la fois une œuvre de paix, une fatalité historique, une nécessité politique, une urgence économique, une avancée sociale, une exigence morale et l'on en passe, les Français ont fini pare ne plus imaginer que l'on pouvait fort bien examiner cela de plus près, démontrer le contraire, et s'y opposer.

Mais, dans le même temps, les Français n'ont jamais imaginé non plus que leurs élus ne décideraient plus des choix stratégiques de la France. De même qu'ils ne conçoivent pas un instant qu'il soit possible que les 28 autres Etats auxquels on les a mariés, pour la plupart sans leur consentement, puissent constituer des majorités dictant au peuple français des décisions que celui-ci refuse.

La résultante de ces contradictions est une vaste confusion des esprits, qui va d'ailleurs en s'aggravant au fur et à mesure que l'évidence des faits amène les Français à dresser des constats exactement inverses aux promesses mirobolantes qu'on leur a égrenées depuis tant d'années :

- On leur avait assuré que *« l'Europe c'est la paix » ?*

Mais ils constatent que l'Europe veut entraîner la France dans des coalitions guerrières aux côté des États-Unis pour mener des guerres qui violent le droit international, comme en Irak, par exemple.

- *« L'euro, c'est plus de croissance et plus d'emplois » ?*

Mais la zone euro est continuellement la lanterne rouge mondiales de la croissance et de l'emploi.

- *« L'Europe, c'est la prospérité » ?*

Mais le pouvoir d'achat stagne ou régresse et les perspectives n'ont jamais paru aussi sombres.

« l'Europe nous permettra de bâtir des champions industriels face aux États-Unis et à la Chine » ?

Mais la Commission européenne empêche toute mesure de protection comparable à celles que pratiquent allègrement les États-Unis ou la Chine, elle favorise le rachat de la sidérurgie par des intérêts indiens, elle trouve normales et même favorise les délocalisations et la destruction de pans entiers de nos industries, comme le secteur textile, celui du meuble, du jouet, des lunettes, etc.

- *« L'Europe, c'est plus de garanties sociales » ?*

Mais la Commission européenne juge bien fondées les délocalisations vers les pays à très bas coûts de salaires et refuse toute harmonisation sociale et fiscale au sein de l'Union européenne, favorisant ainsi ouvertement le dumping social et fiscal le plus éhonté.

- *« L'Europe, c'est une meilleure maîtrise des flux migratoires » ?*
-

Mais les Accords de Schengen ont au contraire aboli tout contrôle aux frontières et transformé notre pays en une passoire où entrent sans contrôle les hommes et les marchandises.

- *« L'Europe favorise notre agriculture » ?*

Mais Bruxelles a programmé la quasi-disparition de notre agriculture traditionnelle.

Un formidable quiproquo est au cœur de la crise politique en France

En résumé, une propagande incessante interdit de faire un bilan critique de la construction européenne et rend a fortiori sacrilège toute idée de remise en cause, mais ses résultats de plus en plus désastreux dans tous les domaines empêchent décemment tout motif de satisfaction.
Ainsi est noué, au fil des décennies, un formidable quiproquo. De l'extrême-droite à l'extrême-gauche, il ne se trouve pas un seul responsable politique qui ose se déclarer contre le principe même de la construction européenne. Mais, sur tout l'éventail politique, il ne se trouve pas non plus un seul responsable politique qui se déclare à l'Europe telle qu'elle existe.

On a d'ailleurs pu le noter lors de la campagne pour le referendum de mai 2005 sur la Constitution européenne. Car, chose insuffisamment relevée par les observateurs, si les partisans du Non affichaient explicitement leur refus de l'Europe telle qu'elle existe, les partisans du Oui affichaient implicitement le même refus puisque l'argument qu'ils avançaient était que cette Constitution apporterait enfin les changements nécessaire *(« votez Oui pour une Europe qui marche », « Oui à l'Europe sociale »*, etc.).

En somme, tous les responsables politiques français se déclarent pour le principe de la construction européenne et contre la manière dont on constate qu'elle se déroule.

Pour tenter de résoudre cette contradiction, chacun se proclame invariablement pour une « autre Europe » et laisse miroiter, devant des électeurs de moins en moins crédules, que cette « autre Europe » serait en quelque sorte une France en plus grand.

Mais aucun ne précise que cette séduisante perspective n'est qu'un vœu pieux qui restera sans aucun effet. Car ce n'est ni par hasard ni par inadvertance que l'Europe est telle qu'elle est. C'est parce qu'elle est la résultante de 28 intérêts nationaux antagonistes et que la France, avec désormais un Commissaire sur 28 (soit 3,6%) n'est tout simplement plus en mesure de faire prévaloir son point de vue, ses valeurs et ses intérêts dans un cénacle où les pays alignés sur les États-Unis sont très majoritaires.

L'UPR estime que c'est justement dans cette schizophrénie politique généralisée que réside le principal point de blocage de la situation française. Parce qu'ils ne veulent pas, ou n'osent pas, aller jusqu'au bout du diagnostic et du nécessaire rejet en bloc de toute construction européenne, les partis politiques français dans leur ensemble ne peuvent donner à l'opinion publique et aux médias qu'une impression confuse et désastreuse pour la démocratie : celle de critiquer l'Europe, mais d'en approuver le principe, tout en n'ayant - pour rendre ses résultats plus attrayants pour les Français - aucune proposition qui puisse recueillir l'accord des 28 autres Etats-membres.

Du coup, l'ensemble de la politique française devient incohérent et perd toute puissance de mobilisation, laissant grande ouverte la voie libre à tous les extrémismes. Il est donc vital de clarifier la situation politique française en créant un parti dont le but essentiel est de dénouer le quiproquo.

Le redressement national passe inéluctablement par la sortie de l'Union européenne

Loin d'être d'un projet porteur de paix, de démocratie et de prospérité, l'unification à marche forcée du continent européen, sous quelque présentation et avec quelques promesses que ce soit, est au contraire une utopie funeste qui conduit nécessairement la France et les pays d'Europe vers une structure politiquement dictatoriale, économiquement inefficace, socialement intolérable, diplomatiquement belliciste, sociologiquement absurde et culturellement inhumainc.

Seules l'indépendance de la France et la souveraineté du peuple français peuvent assurer la prospérité de notre pays et le bon fonctionnement de sa démocratie, son rayonnement dans le monde, ses actions pour la paix et pour l'amitié entre les peuples, sans distinction d'appartenance géographique ou d'appartenance religieuse.

La fin des ambiguïtés

L'une des raisons essentielles de la création de l'UPR réside dans le constat que tous les mouvements politiques se réclamant de la souveraineté nationale affichent des programmes doublement ambigus :

- D'une part, ils font de la souveraineté un sujet parmi d'autres. Or noyer la question européenne dans de nombreux autres sujets, c'est faire perdre de vue le caractère central, spécifique et décisif du nécessaire rétablissement de notre souveraineté nationale ;

- D'autre part, ils reprennent à leur compte le mythe de la construction européenne amendable. Ils se déclarent eux aussi en faveur d'une « autre Europe », fût-elle une « Europe des nations » dont ils sont d'ailleurs incapables d'expliquer précisément en quoi elle consisterait et par quel miracle nous y rallierons la Commission européenne et les 28 autres Etats-membres (3).

Estimant que ce sont ces ambiguïtés qui sont la cause première du maintien dans la marginalité d'un mouvement d'opinion pourtant très largement majoritaire dans notre pays, l'UPR se fixe comme ligne de conduite d'avoir un programme clair et net, et de le proposer de façon sereine, démocratique et sans détours aux Français.

Ce programme a pour objectif de faire sortir la France de la prétendue « Union » européenne et de refuser tout nouveau projet d'intégration européenne, de dilution des pays européens, ou d'aliénation de la liberté du peuple français, quelle qu'en soit la forme.

En pratique, l'UPR est le seul mouvement politique à proposer - et à inscrire dans ses statuts - qu'il n'est possible de commencer à redresser la France que sur la base de trois orientations essentielles :

1) dénoncer tous les traités européens, y compris le traité de Rome (4) ;

2) refuser le concept même de *« construction européenne »*, avec ses sempiternelles promesses *« d'autre Europe »* (5) ;

3) inscrire dans la Constitution française l'interdiction de toute délégation de souveraineté qui ne serait pas bornée à des sujets très précis, limités dans le temps et dans leur objet, et régis par des traités internationaux fondés sur la réciprocité et l'égalité entre Etats.

L'UPR estime que la limpidité de ce programme, et sa formidable portée libératrice, permettront de rompre avec les ambiguïtés et l'échec répété du « souverainisme » de complaisance, et d'engendrer ce bouleversement politique majeur que le peuple français appelle de ses vœux sans en être pleinement conscient.

En prenant appui sur mille cinq cents ans d'histoire nationale, l'UPR affirme que c'est d'abord en tranchant cette question de la souveraineté nationale qu'elle pourra rétablir l'autorité de l'État et mettre en œuvre de façon efficace un programme de développement économique, culturel et social conforme aux valeurs de liberté et de fraternité de la République française.

Un programme de libération nationale qui met de côté le clivage droite-gauche

Le programme de l'UPR n'est en réalité rien d'autre qu'un programme de libération nationale. Il ignore donc, logiquement et délibérément, le traditionnel clivage droite-gauche.

L'UPR ne prétend pas que le clivage droite-gauche n'existe pas. Mais elle affirme que, comme à chaque fois que la France est en réel danger, ce clivage doit provisoirement s'effacer devant l'urgence. Il existe donc, parmi les membres de l'UPR des Françaises et des Français venus de tous les horizons politiques, qui sont probablement en désaccord sur des questions économiques ou sociales, ou encore sur des sujets dits vde société. Mais tous sont d'accord sur le fait qu'il ne sert à rien de débattre de ces sujets si les décisions stratégiques les concernant ont déjà été tranchées sans que les Français en soient conscients ni avertis. À quoi sert-il, par exemple, de débattre sans fin, voire de se déchirer, sur la fiscalité, la lutte contre les délocalisations, le financement des retraites, l'immigration, l'environnement, etc., puisque les grandes décisions stratégiques en la matière, qui ont été dérobées au peuple français, sont déjà prises par les dirigeants non élus de la BCE et les Commissaires européens, également non élus ?

L'UPR insiste d'ailleurs sur le fait que la prolifération des sujets subalternes est, avec la thématique de « l'Autre Europe », l'un des leurres essentiels mis en avant par les partisans de la construction européenne pour empêcher les Français de s'intéresser au seul sujet qui compte : qui a le pouvoir de décider de quoi ?

Il en découle que l'UPR est le parti qui a décidé de ne pas se laisser entraîner dans des débats accessoires lorsque l'essentiel est en jeu. Les adhérents de l'UPR restent ainsi libres, s'ils le souhaitent, de se déclarer - en dehors des instances du mouvement - en faveur de telle ou telle option économique, fiscale ou sociale, ou de telle ou telle philosophie sur les sujets de société. Mais, pour rester cohérents avec la présente Charte, ils se font un devoir constant de rechercher, préciser et exposer quelles sont les instances françaises ou étrangères qui décident eux-mêmes et leurs interlocuteurs, d'influencer sur ces sujets ? En outre, les adhérents de l'UPR admettent comme un principe essentiel que l'UPR n'est pas le lieu où ces questions accessoires doivent être abordées, sauf lorsqu'il s'agit de démontrer l'impuissance des instances nationales. Ils veillent ainsi à ne pas introduire au sein du mouvement de motifs de division aussi nuisibles que sans objet.

3. **Conclusion : un combat pour la dignité humaine**

La liberté d'opinion laissée aux adhérents de l'UPR sur de très nombreux sujets trouve cependant sa limite dans la nécessité de conserver au mouvement sa dynamique bet sa collégialité, et dans le principe éthique qui commande de n'attaquer personne en raison de ses convictions religieuses, de ses origines ou autres.

L'UPR procède à la distinction fondamentale entre la nation et le patriotisme d'un côté, le nationalisme de l'autre. Reprenant à son compte la pensée de Jaurès qui liait étroitement les notions de patrie, d'autonomie des nations et de démocratie, l'UPR insiste sur le fait que la patrie et la nation sont les seules instances où peuvent s'exercer réellement la démocratie et la solidarité entre les générations et les catégories sociales.

Reprenant aussi à son compte la phrase de Charles de Gaulle qui expliquait à Alain Peyrefitte que « nous ne sommes pas des nationalistes, nous sommes des nationaux », l'UPR insiste sur le fait que la plupart des conflits ne sont pas nés des nations, mais de la volonté d'une d'entre elles de déborder de son cadre national pour devenir un empire et forcer les autres nations vassalisées à adopter ses valeurs.

Proclamant son amour de la patrie et son rejet de tout nationalisme, l'UPR refuse évidemment tout extrémisme, tout racisme et tout communautarisme, et proclame son attachement à la laïcité et à la Déclaration Universelle des Droits de l'Homme adoptée par l'Assemblée Générale des Nations-Unies le 10 décembre 1948. Cette déclaration, ainsi que l'article 1er du Pacte des Nations Unies sur les droits civils et politiques du 16 décembre 1966 qui pose comme principe inaliénable le droit des peuples à disposer d'eux-mêmes, constituent la plus haute justification morale au programme de l'UPR, lequel entend justement rendre aux Français leur droit inaliénable à disposer d'eux-mêmes, et leur enjoint de refuser toute servitude, qu'elle soit volontaire ou extorquée.

Dans cette perspective planétaire, l'UPR affirme solennellement qu'en ce XXIe siècle qui voit le triomphe des échanges et des communications d'un bout à l'autre du globe, la seule instance internationale légitime est plus que jamais l'Organisation des Nations Unies, dont le principe éthique suprême est de traiter tous les peuples et toutes les nations sur un strict pied d'égalité. L'idée même de construire, de gré ou de force, un empire européen - ou euro-atlantique - qui inclurait certaines nations et en exclurait toutes les autres constitue une erreur tragique et un contresens historique majeur, dont les conséquences sur la paix mondiale pourraient être redoutables.

C'est pourquoi l'UPR entend promouvoir les coopérations internationales de toute nature avec tous les Etats de la planète, sans procéder à une quelconque distinction, moralement et éthiquement suspecte, en fonction de leur appartenance ou non au continent européen. L'UPR rappelle à ce propos que les définitions des continents sont de pures conventions géographiques, qui ne correspondent nullement aux affinités et aux échanges entre les Etats du globe.

L'UPR entend d'ailleurs approfondir et développer la Francophonie comme un pôle d'équilibre civilisationnel indispensable au maintien de la diversité des cultures du monde.

C'est pourquoi l'UPR entend aussi faire inscrire dans la Constitution française le principe de l'incessibilité du siège de membre permanent de la France au Conseil de sécurité des Nations Unies, avec droit de veto. Cela permettra non seulement de préserver le rôle de grande puissance mondiale de la France, mais, au-delà d'elle, d'assurer au monde francophone une place essentielle dans le concert des nations.

L'UPR proclame enfin qu'il n'est pas de progrès possible ni acceptable aux jeux des Français s'il n'est pas conforme aux idéaux de liberté, d'égalité et de fraternité de la République, et s'il n'est pas compatible avec la laïcité, l'humanisme, le respect de la diversité culturelle, la justice sociale et le refus de tout communautarisme.

L'UPR souligne que cet ensemble de valeurs fait d'ailleurs de la France une référence mondiale pour tous ceux qui refusent la marchandisation généralisée du monde et la réduction des êtres humains à de simples variables économiques ? C'est pourquoi, en plaidant pour que la France sorte de l'utopie funeste de l'empire européen, l'UPR combat pour une conception humaniste de la vie sociale, ainsi que pour la liberté, l'émancipation et la dignité de tout être humain sur terre.

En ce début de troisième millénaire, il n'y a pas de sujet plus important.

Notes de la Charte fondatrice de l'UPR

(1) Lorsqu'elles sont parfois envisagées, les fusions d'entreprises européennes sont d'ailleurs souvent bloquées par la Commission européenne au nom de la lutte contre les monopoles.

(2) Le peuple américain, pour lequel nous éprouvons reconnaissance et amitié, est également victime de cette situation.

(3) Se prévaloir du « gaullisme » pour entretenir cette fiction est au mieux un anachronisme, au pire une manipulation. Continuellement critiqué par les media, le MRP et les lobbys atlantistes, Charles de Gaulle avait certes accepté, voici près d'un demi-siècle, une concession sémantique en évoquant une « Europe des Etats », à la définition de laquelle il s'était d'ailleurs vainement essayé. Mais c'était dans le tout autre contexte d'une Europe des Six, à ses balbutiements, où la France dominait l'ensemble. Du reste, à chaque fois que la souveraineté nationale fut en jeu, Charles de Gaulle trancha évidemment en sa faveur.

(4) Traité de Rome auquel nous devons, entre autres, le principe du pays d'origine que la directive Bolkestein ne fait que mettre en application ; ou l'absence - stratégiquement calamiteuse - de la France à la table des négociations de l'OMC où nous nous faisons représenter par un Commissaire européen. Il est trompeur de promettre aux Français que l'on va lutter contre les délocalisations ou contre le dumping des pays à très bas coûts de salaires tout en étant absent d'une instance où même des micros-Etats défendent énergiquement, et avec succès, leurs intérêts nationaux.

(5) Un demi-siècle a maintenant prouvé que tous les projets d' « Autre Europe » ; d' « Europe des peuples », d' « Europe des nations », d' « Europe sociale » », d' « Europe indépendante », d' « Europe confédérale », d' « Europe européenne », d' « Europe-ceci » et d' « Europe-cela » ne sont que des leurres destinés à présenter comme inéluctable ce qui est en réalité un processus mûrement conçu de vassalisation de la France, processus de construction politique continentale que n'impose nulle fatalité historique.

RENVOIS / NOTES

(1)Très croyant de mon Dieu à moi puisque « Dieu ne sait compter que jusqu'à un », c'est-à-dire le Christ : JESUS, n'en déplaise à Michel Onfray qui revendique qu'IL n'a jamais existé (je ne sais pas s'il dit la même chose de Mahomet), j'ai connu **Monsieur Charles Gave** grâce, au premier chef, par la lecture d'un de ces ouvrages.

C'était en 2005 et son livre s'intitulait « Un libéral nommé Jésus ». Ce livre a été pour moi une révélation. Il parait qu'il l'a rédigé d'une seule traite, mû très certainement par une inspiration divine. Du coup, je me suis procuré la totalité de ses ouvrages qui m'ont fortement influencé dans ma façon de penser. Sa rédaction à la fois futuriste mais surtout visionnaire des choses économiques et libérales ont été un délice pour moi de le découvrir.

Il est évident que j'ai une admiration sans bornes pour Monsieur Gave et j'invite mes lecteurs à faire connaissance avec sa bibliothèque ainsi que sur ses pertinentes analyses diffusées sur « L'Institut Des Libertés ».

J'ai beaucoup apprécié également « Des lions menés par des ânes » (2003) ; « C'est une révolte. Non, Sire, c'est une révolution. » (2006) ; « Libéral, mais non coupable » (2009) ; « Sire, surtout ne faites rien ! » (2016) ; et bien entendu, je me suis immédiatement procuré son dernier livre fin 2023 intitulé : « La vérité vous rendra libre. Si je devais résumer Monsieur Gave en quelques lignes serait de dire que son maître mot est « Liberté » et qu'il pense que les diplômes n'ont pas trop forcément leur importance mais que le principal réside à : « Aimer ce que vous faites et la passion l'emportera sur tout. Si vous vous emmerdez dans votre métier, quittez-le ». Homme très libéral qui a magnifiquement réussi sa vie sur tous les plans, il est partisan du Bruxit, ce qui n'est pas "ma tasse de thé" car je préfère personnellement sortir radicalement de l'Union européenne. Monsieur Gave dit aussi « « qu'il n'existe plus d'intellectuels en France ! ». Je pense qu'il se trompe. Dieu merci ! Ils existent encore ! Le seul problème, c'est qu'ils sont tous censurés, bâillonnés et invisibilisés…

(2)N'ayant pas écrit d'ouvrage(s) à ma connaissance, **Monsieur Alain Juillet** n'en demeure pas moins un homme d'exception qui livre ses analyses au cours de nombreuses conférences au profit des jeunes universitaires. Qu'il soit reçu au cours d'entretiens et/ou interviews, vous apprenez immensément de choses à l'écouter tout simplement parce que sa lucidité, sa clairvoyance, son immense expérience et intelligence, ses connaissances de la géopolitique font que vous buvez ses paroles.

En cela, il ferait un magnifique homme d'Etat chargé des affaires étrangères. Je suis d'autant plus attaché à sa personne qu'il est le parrain de promotion « Licence Intelligence Economique » de mon fils David. De plus, j'ai été parachutiste militaire comme lui. Par ailleurs, c'est un personnage éternellement optimiste et je dois reconnaitre que je fais également partie de cette catégorie d'hommes-là. Je connais des personnes qui ne regardent même plus le verre à moitié vide mais le regardent désormais totalement vides. DEPRIMANT !

Je suis également attaché à sa personne car il a été, en 2012, le premier Grand Maître de la « Grande Loge de l'Alliance maçonnique française » à l'époque d'une grave scission avec la « Grande Loge Nationale Française » où personnellement j'ai « planché » de 2009 à 2012 auprès de la Loge « Les Bâtisseurs » de Puteaux, passant en trois ans d'apprenti, à compagnon pour finir maître et même maitre expert dessinant à la craie le « Tableau de Loge ». J'en profite de parler de ce sujet pour dire que la Franc Maçonnerie n'est pas une secte satanique contrairement à tous ce que les profanes me rabâchent aux oreilles car il est très difficile d'y entrer mais, en revanche, il est très facile d'en sortir.

De plus, dans les deux obédiences que je viens de citer, on ne parle que d'ésotérisme et jamais, surtout jamais, de politique comme cela est fait dans l'obédience du « Grand Orient de France » où moultes politiques en sont sortis. Ce que je suis certain puisque je l'ai vécu, c'est qu'en loges y règne travail, conscience professionnelle, amour, amitié et fraternité. Toutefois, étant autodidacte, je sais, dans ma vie me remettre en question. Ainsi, pour celles et ceux qui sont toujours en quête de vérité, je leur recommande une vidéo très intéressante à consulter sur youtube diffusée sur Géopolitique Profonde TV animée par Mike Borowski intitulé : « La mission cachée d'Israël et du sionisme » (avec Pierre Hilard - Alain Escada et Lucien Cerise)

(3) Le chapitre sept est dédié à Monsieur François Asselineau.

(4) Le livre intitulé « L'ami américain » d'Éric Branca montre une fois de plus que les Américains n'aiment pas les Français même si la période évoquée ne concerne que la partie allant de 1940 à 1969 où la haine anti de Gaulle eut atteint son paroxysme pour le défaire et démettre avec l'appui des forces politiques de la gauche française.

(5) Les boomers sont les personnes nées entre l'immédiat après-guerre et 1964. Les baby-boomers font partie d'une génération silencieuse et la génération X. Pendant cette période, la proportion d'adultes mariés augmente ainsi que le taux de natalité. Hormis cette génération de baby-boomers, les générations qui composent la société actuelle peuvent être regroupées en 4 catégories selon leurs années de naissance :

La génération X : entre 1965 et 1979.
La génération Y : entre 1980 et 2000.
La génération Z : à partir de l'an 2001.

(6) La constitution du 28 septembre 1958 a été adoptée par référendum par un OUI à hauteur de 80,63% de la population à une époque où les Français connaissaient le sens du mot « devoir ». Les partisans du NON à ce référendum étaient le Parti Communiste et le Parti Socialiste où Mitterrand appellera à voter « non » et rédigera plus tard le livre « Le coup d'Etat permanent » d'inspiration trotskiste. Pourtant, lui et ses partisans de gauche, se draperont excellement confortablement dans les draps de cette constitution si décriée par eux-mêmes…

(7)« Si la France n'a pas été rayée de la carte de l'Europe, c'est à la Russie que nous le devons » (Maréchal Foch en 1918). Les Français doivent surtout savoir que la Seconde Guerre mondiale en Europe a été gagnée par la Russie et non pas par l'Amérique, contrairement à la propagande habituelle de plus en plus insistante des médias relayés par les Politiques et le soft-power américain.

Les Américains n'aiment pas les Français. Je m'en suis rendu compte très rapidement autour de la vingtaine d'années. Je vous raconte ci-après l'anecdote qui m'a fait le constater ou du moins me poser des questions. « C'était à l'occasion du visionnage de ce film américain exceptionnel, ce chef d'œuvre de 1939 intitulé "Gone with the Wind" (Autant en emporte le vent). Ce film grandiose baignant dans une musique grandiose -signée Max Steiner -, oscarisé à huit reprises relate la guerre de Sécession américaine où les couleurs se subdivisent dans les 4 parties de ce monument du 7ème art. La première partie à dominante verte évoque la fertilité d'une civilisation sudiste à son apogée.

La deuxième partie est en rouge empreinte de sang, de rage et de colère. La troisième partie est faite de couleur terne : marron, brun évoquant la sécheresse et l'infertilité de l'après-guerre. Enfin, la quatrième et dernière période est baignée de noir, celui de la mort. Ce film adapté du roman du même nom de Margaret Mitchell paru en 1936 que j'ai lu après avoir vu le film m'a interpellé à l'occasion d'une séquence où Scarlett O'Hara (Vivien Leigh) est agressée par des maraudeurs noirs ; ce qui provoque un règlement de compte afin de laver l'affront de Scarlett. Pendant cette expédition punitive les femmes attendent à la maison leurs maris respectifs.

Pour faire face à cette attente insoutenable, l'une d'entre elles, Mélanie Hamilton (Olivia de Havilland) décide de faire la lecture à voix haute d'un livre intitulé "Les aventures de David Copperfield" paru en 1850. Elle commence ainsi la lecture du premier chapitre : « « Je vins au monde"…Or, à mon grand étonnement de l'époque, je vis que l'intitulé de cette lecture définie dans le roman de Margaret Mitchell concernait "Les Misérables" de Victor Hugo publié en 1862.

Pourquoi ne pas mettre le vrai titre du livre dans le scénario du film ? C'est à ces moments-là que j'ai commencé à me poser de vraies questions sur les rapports entre les Américains et les Français. Ils n'ont cessé de vouloir nous détruire… (Je cite cette anecdote à mes lecteurs pour leur faire toucher du doigt l'intérêt du cinéma ancien qui vous fait comprendre de multiples choses…) ».

(9) Monsieur Arnaud-Aaron Upinsky est un personnage et un intellectuel majeur à qui on ne donne jamais la parole, dont la qualité d'analyses et de réflexions évoquées à la fois dans la quasi-quinzaine de ses ouvrages mais, également dans les entretiens qu'il a donnés sur les chaines Youtube (que le Commissaire européen Thierry Breton souhaite absolument censurer).

Deux ouvrages fondamentaux que je tiens ici à évoquer. Le premier : « Le syndrome de l'ortolan » avec en sous-titre « Appel au Président de la République pour qu'il révèle la guerre que nous font les Etats-Unis et sorte ainsi la France du Piège européen ». Ce livre avant-gardiste édité avant tout le monde en 1997, réédité en 2018, et même avant l'éclosion de l'Union Populaire Républicaine, est un chef d'œuvre de compréhensions sur le mal que nous font les Américains et les Européistes.

Le second ouvrage que je tiens à mettre également en lumière se juge par sa qualité rien que dans son titre : « MACRON, Le Président Ventriloque » réédité en qualité de « Manifeste pour les Présidentielles 2022 » aux Editions du BIEF.

Monsieur Upinsky a également donné de nombreux entretiens édifiants et lumineux de vérités. Pour ce qui nous concerne ici, je vous recommande l'entretien donné sur youtube « Magazine Nexus » intitulé « On a une atrophie du cerveau, qui n'est plus capable de penser. » Que Dieu lui prête vie car il a encore beaucoup de vérités à révéler…malgré qu'il soit censuré…

(10) Ne cherchez pas ! Il n'y a pas de renvoi 10. C'est tout simplement parce que je n'ai qu'une seule parole et que j'avais promis d'adresser mon livre dès qu'il serait terminé à Denitza Bantcheva rencontrée lors du Salon du Livre de Toulon en novembre 2023. Je lui avais acheté un magnifique ouvrage (Editions La Martinière) sur Alain Delon qu'elle m'avait gentiment dédicacé. J'ai une admiration indéfectible pour Alain Delon, icône française mais aussi internationale du Cinéma français.

Monsieur Delon n'a pas eu seulement un physique hors du commun, il a été également un personnage doté d'une trempe de caractère exceptionnelle qui s'est révélé être en fait un vrai « self made man » qui a transformé en or tout ce qu'il a touché. Comme lui, je me suis engagé dans l'Armée à 17 ans alors qu'à l'époque la majorité n'était seulement qu'à 21 ans.

Ce qui veut dire que Monsieur Delon, à l'image d'autres stars hollywoodiennes américaines est parti de rien du tout pour aboutir tout en haut de l'affiche. Immense star, c'est aussi une très belle personne dont les qualités intrinsèques sont remarquables en particulier son sens de la loyauté et de l'amitié.

Admirateur incontestable du général de Gaulle, il a racheté « l'appel du 18 juin 1940 » pour l'offrir ensuite à l'institution « Charles de Gaulle. Cette icône française à l'image de bien d'autres tels que Jean-Paul Belmondo, Brigitte Bardot, Catherine Deneuve, Gérard Depardieu et bien d'autres qui ont donné tant de plaisir et de joie à leur public figuraient cette belle France d'avant. Certes, cette France d'avant n'existe plus mais la France de demain peut, peut-être, retrouver les mêmes énergies si Elle opte pour un chef d'Etat comme le général de Gaulle, c'est-à-dire pour moi : François Asselineau.

www.ingramcontent.com/pod-product-compliance
Lightning Source LLC
LaVergne TN
LVHW050535160826
845677LV00011B/2050

* 9 7 8 2 9 5 9 2 2 7 1 9 6 *